JN076124

「亡国の越境者」の100年

ネットワークが紡ぐユーラシア近現代史

小野亮介・中西雄二・岡野翔太・瀬戸徐映里奈

ブックレット《アジアを学ぼう》別巻㉒

はじめに──小野亮介──3

❶ 神戸と白系ロシア人── 中西雄二── 9
　その多層性と無国籍性

❷ 『民族の旗』紙から見る極東の
　タタール人ネットワーク── 小野亮介──32
　アズハル留学事業のてん末

❸ 越境者たちの神戸と「華僑」社会
　岡野翔太 (葉翔太) ── 52
　「反攻」「解放」「独立」を巡るせめぎあい

❹ ベトナム難民の「故郷の食」にみる社会関係と
　自然利用── 瀬戸徐映里奈── 76
　地方都市・姫路での暮らしから

おわりに── 小野亮介──97

風響社

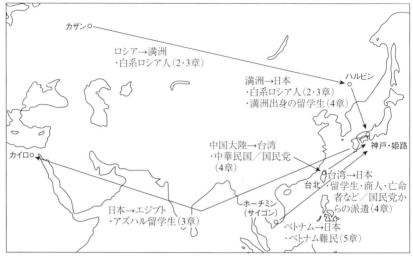

カザン○

ロシア→満洲
・白系ロシア人（2・3章）

満洲→日本
・白系ロシア人（2・3章）
・満洲出身の留学生（4章）

ハルビン

神戸・姫路

カイロ○

中国大陸→台湾
・中華民国／国民党
（4章）

台北

台湾→日本
・留学生・商人・亡命
者など／国民党か
らの派遣（4章）

日本→エジプト
・アズハル留学生（3章）

ホーチミン
（サイゴン）

ベトナム→日本
・ベトナム難民（5章）

地図1 「亡国の越境者」たちの移動概略図

ソビエト連邦

満洲里○　○ハイラル

モンゴル

東清鉄道

明水○
　○綏化
双城○　○ハルビン

蒙古連合
自治政府

綏芬河○

新京○　○吉林

ウラジオストク

○寧城

南満洲鉄道

奉天○
遼陽○

北京○

安東○　○新義州

天津○

大連○

黄海

朝鮮

日本海

中華民国

地図2　満洲国地図
今尾恵介・原武史監修『日本
鉄道旅行地図帳：歴史編成
満洲樺太』(2009) を基に作成。

はじめに

小野亮介

　このブックレットは、2020年1月に東京大学にて開催された「第15回松下幸
之助国際スカラシップフォーラム」での特別シンポジウム「亡国の越境者たち
と神戸・姫路」を出発点としている。ブックレットで私たちが対象とするのは、
20世紀の様々な政治的変動によってそれまでの法的あるいは意識上の帰属を失
い、日本へやって来た人々、具体的には白系ロシア人、その一部に含まれるタ
タール人、満洲・台湾出身の「華僑」、ベトナム難民である。こうした人々をこ
のブックレットでは「亡国の越境者」と位置づけるが、ここではその背景を振
り返ることにしたい。
　これらの越境者をブックレットのテーマとしたきっかけは、筆者の関心の広
がりにある。もともと筆者はロシア革命後に旧ロシア帝国領からトルコやヨー
ロッパに逃れた人々について関心を持っているが、ここ数年は研究手法を応用
して、逆方向の日本にたどり着いたタタール人にも取り組んでいる。筆者は主
にタタール人側の記録に注目しているが、日本側の視点から彼ら越境者にアプ
ローチすることも可能だ。もちろん、政治的変動によって日本にやって来たの
はタタール人だけではないし、その切り口も宗教・教育・政治・食など様々だ。
このように越境者とは、学際的な取り組みへの大きな可能性を秘めているテー
マだと言えるだろう。見方を変えると、「越境者を受け入れた神戸・姫路」とし
てではなく、神戸・姫路を越境者のネットワークや活動に引き付けて、20世紀
世界史を考える足掛かりとすることをこのブックレットでは目指している。
　20世紀の世界では、二度の世界大戦、辛亥革命、ロシア革命などの革命とい
う大きな変動があり、さらにソ連と、その影響下にあった東欧の社会主義国家
の成立と解体、アジア・アフリカ諸国の脱植民地化などによって、19世紀以来
の帝国主義国家とそれに結びついた植民地が解体あるいは大幅に縮小し、新た
な国家として再出発を果たした。革命後の旧ロシア帝国領では、民族の自治や
独立を求めた人々や反ソビエトの立場の人々が様々な政権を樹立するが、内戦

の末にボリシェビキの支配が確立するにつれ、これらの政権は武力で打倒されるか、ソビエト政権に組み込まれるかの結末を迎えた。また、満洲国のように後ろ盾そのものが解体することによって崩壊した傀儡国家もある。

アジアでは19世紀末から1930年代にかけて日本が急速な対外膨張を遂げ、台湾・朝鮮半島・満洲などを植民地や勢力圏に組み込んだ。さらに太平洋戦争期には中華民国のかなりの部分や東南アジアの植民地も占領したが、1945年の終戦によって日本はこれらの植民地・勢力圏を放棄する。その後の国共内戦、朝鮮戦争、ベトナム戦争などの旧仏領インドシナでの一連の紛争、ソ連の解体などを経て、現在のアジアの諸国家が成立することになる。

こうした国家・植民地の解体・縮小・再編による目まぐるしい変化を、このブックレットでは「地図の書き換え」と表現することにしたい。直接的には絶え間ない国境線の引き直しを意味するが、同時にこの言葉によって、新たな国家体制に適応できず（あるいはするつもりもなく）、その領域から排除された人々の存在が示唆されていくのである。

こうした人々を、ブックレットでは「亡国の越境者」と位置づけるが、これは筆者による造語なので、もう少し詳しく意図を説明したい。まず「亡国」についてだが、これまで述べてきた国家の解体・消滅によって、これらの国の人々は自身の法的な帰属、あるいは意識上の帰属を失うことになった。多くの場合、否応なく新しい国家に自らを（少なくとも表面上は）適応させるのだが、政治的・宗教的な差別や迫害、あるいは内戦や飢饉などから生命や民族的・宗教的アイデンティティを守るため、あるいは新たな国家への批判的立場を保つため、少なからぬ人々が国外に逃れざるを得なかった。また、商売や留学などで以前より国外に進出していた人々が、「地図の書き換え」によって本国へ戻れなくなることもあった。このように、「地図の書き換え」によってやむなく従来の帰属を失ったという意味を込めて「亡国」と表記する。

また「越境者」と呼ぶのは、こうした人々が必ずしも「難民」という言葉の枠内に収まるとは限らないからだ。難民とは、1951年に成立した難民条約（日本では1982年に発効）では「人種、宗教、国籍もしくは特定の社会的集団の構成員であること又は政治的意見を理由に迫害を受けるおそれ」があるため国籍国の外にいて、国籍国の保護を受けることができない、またはその保護を望まない人々と定義される。一方、第1・2・3章で述べるように「地図の書き換え」以前に日本や、日本への進出の前段階として満洲にやって来た人々がいる。彼らの移動は「地図の書き換え」以前は単なる商業的進出や留学にすぎなかったが、

「地図の書き換え」後には難民として来た人々、あるいは新しく樹立された国家の承認を巡るせめぎ合いと結びついていく。また、彼らは日本や満洲でコミュニティを築いた後も、ホスト社会の中でのみ社会生活を送るのではなく、第2章ではエジプト、第4章ではベトナムやアメリカにまで彼らの移動やネットワークは延びている。越境は「地図の書き換え」を大きなきっかけとしているが、彼らはその後も様々な形で越境を続けている。

　さて、アジアの政治的変動をきっかけとした多様な人々の移動とそれに伴う諸問題、具体的には朝鮮や満洲・台湾・樺太・南洋諸島といった「外地」からの引揚げや、戦後の日系人社会の変遷などを取り上げた総合的な論集として『帝国以後の人の移動』(蘭編　2013) がある。しかしその序説で明示されているように、この一連の研究に通底するのは「帝国以後」、つまり1945年の帝国日本の解体を出発点とする視角である。確かにこのブックレットでも、第3章で扱う満洲・台湾出身の「華僑」はこの視角に合うし、第4章で扱うベトナム難民についても援用は可能だろう。しかし、第1・2章で取り上げる白系ロシア人、タタール人の越境は、別の「帝国以後」、つまり1917年のロシア革命が最大のきっかけだ。またブックレットでは扱わないが、一連の虐殺によって生じたアルメニア人難民の一部は日本にもたどり着いている。これは、長い時間をかけて1922年まで続いたオスマン帝国の解体という更に別のきっかけと結びつくものである。つまり、日本とその周辺は様々な「帝国以後」の移動の受け皿として機能したわけであり、1945年のみを区切りとするよりは、いくつかの「地図の書き換え」をターニングポイントとする世界史として捉えるべきだろう。

　またこうした意味で、筆者が各執筆者に意識してもらったのは、「越境者対神戸」「越境者対姫路」という「一対一」の関係に収れんさせないでほしいということである。越境者は「白系ロシア人」「華僑」「ベトナム人」という言葉で単純に一括りにできるものではなく、宗教や政治的志向を巡って様々な集団に区分することができるし、彼らの社会生活は神戸や姫路の中で完結したものでもない。つまり「亡国の越境者」を、「一対一」ではなく、「多対多」で展開するネットワークとして捉えていく視角を強調しておきたい。

　「地図の書き換え」によって法的な帰属が失われたことによって生じた問題に「無国籍状態」がある。第1章で見るように、革命によってロシア帝国臣民としての法的帰属を失った白系ロシア人の多くは無国籍状態となるが（ソ連国籍を取得した人々もいるが、このブックレットでは対象とはしない）、国際社会は「ナンセン・パスポート」という身分証明書を発給して対応した。無国籍状態は多くの点で「亡

国の越境者」たちに困難をもたらしたが、第 2 章で触れるように、無国籍状態を逆手にとって利用するしたたかな人々もいたようだ。第 3 章では、「地図の書き換え」によって法的帰属が不安定なものとなる中で、「亡国の越境者」が積極的により有利な、より政治的に支持できる帰属を模索していくことを追う。更に第 4 章のように、祖国やホスト国である日本の法制度によって無国籍状態が次世代へと引き継がれることも見のがせない。つまり彼らには、常に「地図の書き換え」による影響、言い換えれば「亡国」性が付きまとっている。

　さて、このような問題意識について語ると「トランスナショナリズム（トランスナショナル）ですね」と言われることがあるが、筆者自身は、近代国民国家やその国民の境界を「超える」ということに力点を置くこの言葉を当てはめることに少し抵抗感がある。まず、西原和久が『トランスナショナリズムと社会のイノベーション』(2016) で述べる、トランスナショナリズム論の持つ多義性・多様性である。西原は越境的移動を伴うネットワーク（事実としてのトランスナショナリズム）だけでなく、そうした事実に焦点を当てた研究の視角としてのトランスナショナリズム、ナショナリズムを超えて人々が交流し、結びつくことが望ましいとする理念としてのトランスナショナリズムを挙げている。西原は他の研究者による分類も紹介しているが、いずれにしても、この言葉はヒトの移動にとどまらず、それに伴ってナショナルなものを超える文化や企業活動、価値観などについても用いられる。このようにカバーする領域が広い分、トランスナショナリズムという言葉を安易に使うことでかえって焦点がぼやけてしまうことを筆者は恐れている。またトランスナショナルな移民についての研究の多くは、主に出身国とホスト国との行き来に注目しているように思われるが、それでは「地図の書き換え」「亡国性」とは相性が良くないのではないだろうか。

　さらに西原は「さまざまな分野でのグローバル化の進展によって、一国内だけではその国の『社会』を考えることがもはや『古い』と思わせる状況が多くの場面で生じてい」るとして、1990 年ごろ以降の四半世紀のグローバル化、様々な移民に着目している。では、それ以前に来日したこのブックレットの越境者たちについても、トランスナショナルな移動と言うことができるだろうか。ここでは、トーピーが『パスポートの発明』(2008) で、トランスナショナリズムが新しい現象であるとする考えに手厳しく釘を指していることを念頭に置きたい。むしろこのブックレットで見てゆく「亡国の越境者」のネットワークは、アンダーソンが 19 世紀後半の通信や輸送の革命によってもたらされたと指摘する「初期グローバリゼーション」の延長線上で捉えた方が良いだろう [梅森 2007]。

　以上を踏まえると、このブックレットで見てゆく越境者の具体的な様子は、アンダーソンのいう「初期グローバリゼーション」以来の世界的な流れとの繋がりの中にあるといえる。言い換えれば「亡国の越境者」たちの経験や社会的営みは、19世紀後半以来の世界史的事象との関連の中で位置づけられるべきものである。

　こうした問題意識に基づいてこのブックレットは、第1章（中西）でロシア革命に由来し、神戸にコミュニティを築いた白系ロシア人の多層性に日本側の視点から迫り、第2章（小野）では白系ロシア人の一つであるタタール人の間で議論された教育問題をもとに、彼らのコミュニティのネットワークを描き出す。第3章（岡野）は大日本帝国の解体という「地図の書き換え」によって生じた政治的選択肢に神戸（や横浜）の「華僑」はどう向き合ったかを、第4章（瀬戸徐）は姫路に定住したベトナム難民の食材の調達に注目し、彼らのネットワークの広がりとその移り変わりを追う。

　最後に、なぜ神戸・姫路なのか、である。神戸についていえば、関東大震災（1923年）によって東京や横浜にあった白系ロシア人や中国人、インド人などの外国人コミュニティが打撃を受け、神戸への移住が進んだこと、また神戸が国際貿易港を擁し、朝鮮半島・台湾・中国（満洲を含む）とのヒトやモノの移動の結節点であったということが理由として挙げられる。一方姫路については、ベトナム難民のために定住促進センターが開設されたことが大きい。その意味でそれまでとは異なるあり様を示す越境と言えるが、彼らにとっても神戸は初期の食材調達地として重要だった。

　なおいくつかの例外を除き、引用文や参考文献で用いられた旧字体の漢字や歴史的仮名遣いは現代のものに、片仮名表記の送り仮名は平仮名表記に改めている。

参考文献

蘭信三
　2013　『帝国以後の人の移動』勉誠出版。
梅森直之編著
　2007　『ベネディクト・アンダーソン　グローバリゼーションを語る』光文社。
トーピー、ジョン
　2008　『パスポートの発明』藤川孝雄監訳、法政大学出版局。
西原和久
　2016　『トランスナショナリズムと社会のイノベーション』東信堂。

地図3　神戸地図

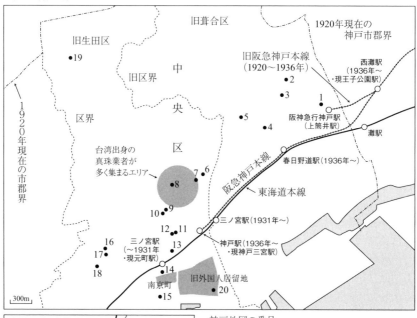

地図4　姫路地図

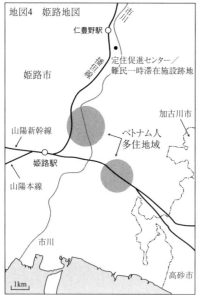

神戸地図の番号
1.避難民協会付属学校（1930年）2.外国人墓地（春日野墓地）3.キリスト生誕協会（1925年）4.回々教会／付属小学校（1929〜1935年）5.聖ウスペンスキイ協会（1931年）6.アシケナージ派神戸猶太協会（1939年）7.神戸聖母就寝聖堂（1952年〜）8.中華民国留日神戸華僑総会（1945年成立、1949年にこの地に移転）9.神戸ムスリムモスク（1935年〜）10.神戸中山記念館（1961年にこの地に移転）11.神戸華僑総会（1976年まで神戸華僑聯誼会）12.中華会館（1998年にこの地に移転）13.兵庫県台湾同郷会（1973年〜）14.台湾公論社（1959年〜、現存せず）15.神戸華僑歴史博物館（1979年〜）16.神戸中華同文学校（1959年にこの地に移転）17.神戸華僑幼稚園 18.関帝廟 19.神戸市立外国人墓地 20.日本真珠会館（1952〜、裏表紙）

※いずれも地理院地図（国土地理院のウェブ地図）
　に歴史的情報を加えたものであり、全てのスポット
　が現存・並存しているわけではない。

第1章　神戸と白系ロシア人
その多層性と無国籍性

中西雄二

1　白系ロシア人とは

　ここに一枚の絵はがきがある（表紙・図1）。これは1920年に初めて実施された国勢調査を記念して、兵庫県臨時国勢調査部から発行されたものである。絵柄をみると、朱で描かれたいびつな日本地図を、それぞれ異なる衣装を着た6人の男性が囲むという構図になっている。当然、ここで描かれている「日本」は1920年時点のものであり、地図には日本列島のほか、台湾・朝鮮半島・南樺太・千島・南洋群島が「日本」の範囲として図示されている。そして、地図を取り囲む人々は、国勢調査の対象であった当時の「日本」に暮らす人々を象徴的に示し、大日本帝国の一体性を謳うような意図を垣間見ることができる。

　描かれた人々の姿を詳しくみていくと、注目すべきこの時代の「日本」の社会をうかがい知ることができる。左から、バナナを携えた男性、銛と盾を手に長座する男性、韓服姿でパイプを持つ男性、袴姿にハットを被った男性、アットゥシと呼ばれるアイヌの民族衣装を着て胡座する男性、そして毛皮の外套姿でロシア帽を被った男性が描かれている。これらの人々は、それぞれいわゆる台湾人・南洋群島の先住民・朝鮮人・日本人・アイヌ民族・ロシア人を表しているものと考えられる。いずれも描かれているのは男性のみで、外見上の特徴も極めてステレオタイプなイメージである。そうした描かれ方も含めて当時の日本社会の「縮図」であり、二松啓紀が『カラー版　絵はがきの大日本帝国』(2018) で指摘するように大日本帝国という多民族国家の社会状況を如実に示した資料として捉えることができよう。そして、そのなかにアイヌ民族や「外地」の人々とともに、「ロシア人」が含まれていることは極めて興味深い。

　この頃の日本には、日露戦争の講和条約として結ばれたポーツマス条約（1905年）締結後も南樺太に居住し続けていた「残留ロシア人」が暮らしていたことから、「樺太」を表象するものとして図中の「ロシア人」を捉える読者もいるかも

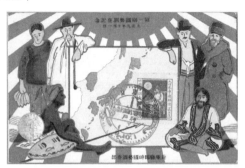

図1　第1回国勢調査記念絵はがき（兵庫県臨時国勢調査部発行）
国際日本文化研究センター所蔵「朝鮮写真絵はがき」データベースより画像提供

しれない。しかし、その数を遥かに凌ぐ規模で、当時の日本には難民や亡命者
として渡ってきた「白系ロシア人」と呼ばれる人々が暮らしていた。そして、
日本のなかでも白系ロシア人が集住する代表的な都市の一つが、この絵はがき
が発行された兵庫県の神戸市であった。同県の公的な部署によって発行された
絵はがきに「ロシア人」が描かれていたという事実は、兵庫県や日本社会にとっ
て白系ロシア人の存在が非常に大きなものであったことを示唆している。

　現在の日本では、白系ロシア人は決して一般的に知られた存在とは言えない。
しかしながら、100年前の日本社会では無視できない存在であった。そして、後
に詳述するように、20世紀において国際社会が最初期に直面した大規模な難民
であると同時に、近代日本が受け入れた難民の先駆でもあった。ロシア革命に
端を発する世界史的な「地図の書き換え」によって生み出された白系ロシア人
が、20世紀の日本で、とりわけ、そのなかでも集住地区であり結節点でもあっ
た神戸でいかに生活を営んでいったのか。この章では白系ロシア人の多層的な
側面に注目しながら明らかにしていきたい。

　1917年に発生したロシア革命とその後の内戦によって、膨大な数の避難民が
旧帝政ロシアの領域から流出した。彼らは当初「ロシア難民」と呼ばれ、正確
な数字の特定は難しいものの、革命発生からの5年間で約200万人もの規模に
上ったとされる。これは当時の国際社会に対して大きな衝撃を与え、第1次世
界大戦後に設立された国際連盟が最初に対応しなければならない「難民問題」
として捉えられた。

　「ロシア難民」のなかには着の身着のまま避難した一般庶民に加えて、亡命と
いう形で国外へ逃れた帝政ロシアの官吏や軍人、さらには資産家なども多く、

様々な階層の人々が含まれていた。そのため、ボリシェビキ（ロシア共産党）によって樹立されたソビエト政権ではなく反革命側の白軍を支持する立場を取り、ソビエト政権の支配が及ぶ領域への帰還を拒否する者が多かった。しかし、それは同時にソビエト政府の庇護下に置かれず、実質的に「無国籍」状態で諸外国での生活を余儀なくされるという事態を意味した。

こうした経緯から、ソビエト国外で生活することを選択したり余儀なくされた人々は、ソビエト政権の赤軍に対する白軍側という意味で「白系ロシア人」や「ホワイト・エミグレ」といった用語で称されるようになっていく。彼らの多くはロシアの近隣国を始め、ヨーロッパや北アメリカ大陸など世界各地に離散することとなり、パリやベルリンなどには亡命したロシア人の大きなコミュニティが形成された。また、シベリア地方やウラル地方などに暮らしていた人々の多くは東方へと逃れていった。とりわけ、東清鉄道[注1]の建設に伴って、帝政時代からロシアが現在の中国東北部に築いた拠点都市・ハルビンには多数の白系ロシア人が流入し、極東アジアにおける白系ロシア人コミュニティの中心となった。

なお、ここで注意すべきは、「白系ロシア人」という語は、単に民族的な意味でのロシア人のみを指す概念ではないという点である。先述の通り、「白系ロシア人」とはかつての帝政ロシアの領域から逃れたソビエト政権を支持しない人々を指す語であり、そのなかにはウクライナ人やタタール人など、帝政ロシア領内におけるエスニック集団も含まれ、宗教的にも多様な人々を包含していた。

極東アジアへ逃れた人々のなかには日本へ渡る人々もいた。ロシア革命の翌年には約700名の人々が日本政府の内務省統計に「旧露国人」として記録されている。さらに、第1次世界大戦終結後の1920年には、その数は1200名を越えるまでに至った（グラフ1）。同年の統計をみると、日本在住の白系ロシア人のうち、半数以上が横浜を中心とした神奈川県に居住しており、次いで兵庫県、東京府（現在の東京都）の順で多かった。だが、日本に逃れてきた白系ロシア人の規模は、先に述べたヨーロッパ諸国や中国などに比べるとかなり小さなものであった。

この背景には、当時の日本政府のとった政策や制度の影響が考えられる。代表的なものは、1920年2月以降に導入された「入国提示金制度」である。これは日本での在留を希望する場合、一人につき1500円の現金所持を義務付けるというものであった。流入する「ロシア難民」の増加を念頭に、難民の保護や在留外国人の取り締まりに関わる費用軽減のため、経済的に苦しい外国人の入国

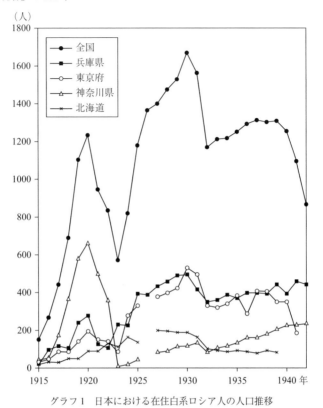

グラフ1　日本における在住白系ロシア人の人口推移

出典：『内務省統計報告』、『兵庫県統計書』。中西（2004）による図を一部修正。

を規制する目的で設けられた制度とされる。難民として逃れてきた人々が大半を占める白系ロシア人にとって、この制度は日本政府が意図した通り、日本へ渡る際に大きな障壁となったのである。

　一方で、大規模な「ロシア難民」の発生に伴い、国際社会も1920年に発足した国際連盟を中心に対応に乗り出した。その中核的役割を果たしたのが、難民高等弁務官を務めたフリチョフ・ナンセンであった。ノルウェー出身の探検家でもあったナンセンは、いずれの政府の庇護下にもなく無国籍の状態に置かれた難民に対し、国際的な合意に基づく身分証明書の発行を主導した。後に、この身分証明書は「ナンセン・パスポート」と呼ばれ、世界中に離散した「ロシア難民」の国境を越えた移動を助けたほか、各地での生活基盤確保に大きな役

割を果たすこととなる。

　「ナンセン・パスポート」は1922年7月の国際連盟での決議を受けて、加盟国以外も含めた世界各国の政府に発給と承認が求められることなった。だが、決議に対する承認の可否も含めて、各国でその対応には差が現れた。例えば、英仏をはじめとする多数のヨーロッパ諸国は決議への賛同を表し、なかでもスウェーデン政府はいち早く1923年1月1日からの発給実施を表明した。他方、日本政府は他国の動向を探りながら、しばらく決議への対応について留保するという態度をとっていた。

　この時期は、1918年から続く「シベリア出兵」[注2] を行っていた日本政府が国際的な批判を受け、撤退準備を進めていた時期にあたる。最終的には1922年10月にウラジオストクからの撤収が完了し、北樺太を除くすべての旧ロシア帝国領からの撤兵となったが、この情勢変化は極東における白系ロシア人社会にも大きな衝撃を与えた。なぜならば、居住地を追われた白系ロシア人のなかにはロシア国外ではなく、まだソビエト政権の支配下にないロシア領内の地域、すなわち白軍やそれを支援していた日本軍の占領下にあった地域に逃れたものも多かったからである。しかし、白軍が勢力を失い、ソビエト政権と敵対する日本軍も撤退したことにより、極東ロシアのほとんどがソビエト政権の支配下に置かれた。これにより、さらに多くの白系ロシア人が国外に流出することとなった。

　この状況に対して、日本政府は「渡来したる露国避難民既に多数存在し且つ生活費高く猶お経済界不況の為多数の失業者ある状態なるを以て〔日本は〕避難民移住地としては不適当なる（〔〕は筆者注、以下同じ）」[通移機密第40号・大正12年2月12日（外務省外交史料館『露国避難民ニ対シ身分証明書発給ノ件』所収）]との認識を持っていた。ここでいう「経済界不況」とは、第1次世界大戦後に訪れた「戦後不況」のことを指す。このように、国際連盟での議決以降も日本政府は、先述の「入国提示金制度」にみられる難民の受け入れに消極的な姿勢を示していたのである。後に、諸外国で「ナンセン・パスポート」の発給実施が進むにつれて、日本政府も「留保」から「賛同」へと態度を変えていき、1924年には「ナンセン・パスポート」の発給が行われた。だが、芳しくない当時の日本の経済状況を受けて、さらなる新天地を求めて出国する者も多く、1920年代初頭の日本在住の白系ロシア人人口は一時的な急減を見ることとなった。

　なお、後述するように、日本で生活の基盤を築いた白系ロシア人は、戦前期を通して常に日本の公安当局によって監視対象とされていた。そのため、内務

省警保局の下にあった外事警察によって、様々な組織や個人の活動に関する調査が行なわれ、その記録が外務省外交史料館に残されている。この章で用いる資料の多くは主に同館所蔵の文書であり、これらの資料は当時の白系ロシア人の政治・経済・社会に関する活動を明らかにする上で不可欠なものである。

　一方で、同資料は外事警察の記録であることから、当局の監視対象となった人々に関する内容に偏っていることについては注意を要する。たとえば、外事警察は白系ロシア人に関して行商人を監視対象として重視した。行商に従事する者にはタタール人が多かったことから、実際の人口比に比べると資料にはタタール系の白系ロシア人への言及が多くなっている。このように、同館所蔵文書は白系ロシア人に関する資料として極めて貴重なものであるものの、その代表性に多少の留意点を有することは断っておきたい。

2　神戸への流入と定着

　1920 年代初頭の日本在住白系ロシア人を考える上で、無視できない出来事が 1923 年 9 月に発生した関東大震災である。日本において最も多くの白系ロシア人が生活していた京浜地区が壊滅的な被害を受けたことにより、多数の白系ロシア人が再移住を余儀なくされた。その結果、1920 年時点で 1232 人であった在日白系ロシア人は、わずか 3 年後に半数以下の 566 人に減少する。また、日本に留まった人々のなかでも、それまで多数を占めた神奈川県在住者はわずか 2 人にまで激減した。その一方で、大震災の直接的な被害を受けなかった神戸では前年の 105 人から 235 人へと、たった 1 年で倍増することになった。

　関東大震災以前から、神戸を中心とした兵庫県は国内有数の白系ロシア人人口を擁していた。これは、神戸港が旧満洲との交易が盛んで近代港湾都市としていち早く整備されたことに起因する。そのため、ロシア革命前夜の 1914 年頃からロシア人が流入し始め、革命発生直後にはさらに増加していった。そこに、関東大震災から逃れた人々の大規模な流入が起こったのである。

　「放浪文豪も中将も　神戸に居る露人罹災者」と題された新聞記事には、神戸へ逃れた外国人被災者のなかに「二〇〇名の露国人があり、内窮民百十七名」は同市に設置された「和田岬の収容所に移し兵庫県の手で救護することとなった」との記述がある。その「窮民」のなかには、記事の見出しにある文豪や元陸軍中将といった帝政時代の上流階級も含まれていた（『大阪朝日新聞』1923 年 9 月 20 日夕刊）。京浜地区にいた様々な階層の白系ロシア人が、新天地として同じ近

代港湾のある神戸に生活の場を移していったことがわかる。

　この大災害は「白系ロシア人」の出入国管理に関わる日本の当局にも大きな動揺を与えた。前述した「ナンセン・パスポート」の発給に向けて様々な手続き準備を進めていた内務省は、実際に発給を行なう各道府県の担当部署に対して「ナンセン・パスポート」用紙の配布を1924年1月に計画する。当初の計画では、神奈川県に300枚、兵庫県に200枚、東京府に100枚が割り当てられていた。しかし、関東大震災で白系ロシア人の居住地域が大きく変動したことにより計画が修正され、先の三府県への配布枚数も神奈川県が50枚、兵庫県が300枚、東京府が200枚に変更されたのである。

1　正教徒の事例

　横浜に代わり、日本最大の白系ロシア人の集住地区となった神戸では、彼らの組織化も盛んに行われていった。だが、内部に民族的・宗教的・文化的多様性を有している「白系ロシア人」全体を包含するような組織や集団が、神戸で結成されることはなかった。むしろ、宗教を単位とした複数の組織が別個に作られていったのである。そのなかで、最も規模の大きな集団がロシア正教徒の人々であった。

　彼らはエスニック集団としてのロシア人を主として、ロシア革命の翌年には「日本露国人協会」という組織を設立していた。これは東京に本部を置き、神戸と横浜に支部を設けた団体であった。しかし、関東大震災を契機として、神戸における白系ロシア人社会は大きく変貌する。

　関東大震災によって日本国内の白系ロシア人人口は1923年に600人を割り込んだが、日本政府が「ナンセン・パスポート」の発給を開始したこともあり、翌年以降、急激な増加に転じた。1926年には1364人と大震災以前の水準を凌ぐまでになり、1930年には1666人と戦前で最大の人口規模を記録した。神戸でも白系ロシア人の流入は進み、1929年には439人の人々が同市内に居住していた。こうした急激な人口増加をみたことで、さらなる組織化がなされていった。

　その画期ともいえる出来事が、1925年のキリスト生誕教会というロシア正教会の創設である。司祭には樺太から招かれたボブロフ神父が就き、神戸で初めての正教会として、戦前期の同地における白系ロシア人社会のなかで重要な役割を果たすこととなった（『神戸又新日報』1925年12月11日）。さらに、1927年には「神戸露国避難民協会」（「避難民協会」）が設立された。この団体は、反ソビエトの立場を鮮明にし、正教徒の白系ロシア人の相互扶助や親睦を意図した活動を展開し

ていった。同様の「避難民協会」は神戸の後を追う形で東京や北海道でも結成され、互いに連携を進めることで地域を越えた白系ロシア人ネットワークの構築も試みられた。「ロシア人クラブ」とも呼ばれた「避難民協会」は、1930年に神戸でロシア人学校の開設も行ない、白系ロシア人の児童教育にも乗り出した。

　しかし、このような実践が盛んに行われていく一方で、ロシア正教徒の白系ロシア人内部に政治的・宗教的立場をめぐる分裂も発生した。1930年に東京・ニコライ堂の司祭で日本の正教会をまとめていたセルギイ府主教が、ソ連を賞賛するような発言を行なったことで白系ロシア人のなかから批判の声が上がった際に、神戸のボブロフ神父が府主教を擁護する立場を示した。これが神戸在住の白系ロシア人のなかで問題視され、ボブロフ神父を排除し、新たな教会の設立を模索する動きが起こったのである。

　この問題で生じた白系ロシア人社会内部の亀裂は埋めることができず、結局、ハルビンからホダコフスキー神父が招かれ、彼を司祭とする聖ウスペンスキイ教会が設立された。ボブロフ神父も神戸に残り、既存のキリスト生誕教会も存続し続けたことから、これ以降、神戸において正教徒の白系ロシア人は二つの派に分裂する事態に陥ったのである。両者が和解し、再び一つの教会として統合されるのは1952年のこととなる。

2　イスラム教徒の事例

　正教徒に次いで白系ロシア人のなかで多かったのが、イスラム教徒であった。彼らの多くはトルコ（テュルク）系のタタール人というエスニック集団の人々であった。組織化の事例として資料が確認できるものは、1927年に「神戸トルコ・タタール教会」の結成が最初である。これは1934年に「神戸イデル・ウラル・トルコ・タタール文化協会」という団体に再編成された。ちなみに、「イデル・ウラル」とはロシア中南部の「ヴォルガ・ウラル」地方を指すタタール語であり、ロシア革命後の混乱期に同地において建国が宣言され、短期間ながら存在したタタール人国家の名称でもある。このように、イスラム教徒の白系ロシア人は、組織的な活動において「ロシア」ではなく、むしろ「トルコ」や「タタール」への自己同定を行なっていた点が特徴的である。

　「イデル・ウラル・トルコ・タタール文化協会」は東京・名古屋・熊本・朝鮮にも設立され、それらを束ねた連合会の本部は神戸に置かれていた。ここから、イスラム教徒の白系ロシア人にとって、神戸がセンターとしての機能を果たしていたことがわかる。

　また、イスラム教徒として、神戸に宗教施設を建てる動きも盛んにみられた。第2章でも取り上げる宗教指導者・シャムグーニーが1928年に上海から来神したが、この頃に葺合熊内橋通の賃貸家屋を転用して礼拝所が開設されている。1930年の外事警察資料に「回々教会」と記録されているこの礼拝所には、児童向けの教育施設も併設された。さらに、その5年後、神戸に数多く暮らすインド系のイスラム教徒らとの協力の下、信徒からの寄付による大規模なモスクの建設が計画された。翌1935年には中山手通に神戸ムスリム・モスクが完成し、日本各地から約600人の参列者を集めての開院祝賀会が執り行われている。このモスクは後の戦災や阪神・淡路大震災でも奇跡的に大きな被害を免れ、西日本最大のモスクとして現存している。現在ではタタール系の信徒はほとんどいなくなっているが、同モスクは日本を代表するムスリム社会の中心としての機能を果たしている。

3　ユダヤ教徒の事例

　さらに、神戸における白系ロシア人を考える上で無視できないのがユダヤ教徒の人々であった。神戸では1915年に「神戸猶太人協会」という団体が設立されているが、この団体の結成に中心的な役割を果たしたのがロシア革命以前にロシアから逃れてきた人々であった。そのほとんどが「アシケナージ派」と呼ばれた東欧系のユダヤ人（アシュケナジム）で、この頃の神戸におけるユダヤ人社会の多数を占めていたとされる。彼らによって結成された同協会は、神戸におけるユダヤ人社会全体の相互救済を目的として活動していた。

　先に述べたイスラム教徒の白系ロシア人と同様に、ユダヤ教徒も「ロシア」というカテゴリーよりも、むしろ「ユダヤ人」として組織化する傾向が強かった。ただし、日本の当局は、外事警察の調査や統計上での記録においては「旧露国人」や「無国籍」として範疇化し、「管理」を行なっていたのである。実際に日常生活ではそれぞれの宗教コミュニティやエスニック集団への帰属意識を強く感じている人であっても、法的な地位や行政上のカテゴリーは無国籍の「白系ロシア人」であった。

　そうしたなか、神戸のユダヤ人社会のなかでも路線対立が生じてしまう。これは神戸在住ユダヤ人の大半を占めていた前述のアシュケナジムと、南欧・中東系の人々を主とする少数派のセファルディムの人々との間での対立である。両者はもともと出身地や礼拝の際の流儀などの違いを有していたが、後に関係が悪化し、双方の派に別れて礼拝行事を行なうようになったという。そして、

最終的に白系ロシア人を主とする人々は 1939 年、「アシケナージ派神戸猶太協会」を別に組織し、既存の神戸猶太人協会と袂を分かつこととなった。

この新団体の名誉会長には、白系ロシア人として来日し日本国籍を取得した貿易商が就任した。同協会は神戸での相互扶助的な活動だけではなく、ナチス・ドイツからの迫害を逃れたユダヤ人（アシュケナジムが大半を占めていた）を日本に受け入れたり、海外への再移住を斡旋する活動も行なっている（『神戸新聞』1982 年 1 月 1 日）。

このように、「白系ロシア人」と呼ばれた人々は、決して一枚岩の社会集団であったわけではなく、宗教を主な単位として組織化し、また、同一の宗教であったとしても多様な活動や団体の設立を行なっていたのである。

3　集住地区と就業状況の変化

関東大震災による流入者増加が引き起こした神戸の白系ロシア人社会の変化は、組織活動の活発化だけではない。

戦前期の在留外国人に関する統計の多くは警察署管区ごとに記録されていたが、ロシア革命発生後からしばらく、神戸における白系ロシア人の居住地域は三宮警察署管区内に集中していた（グラフ 2）。例えば『神戸市統計書』によると、1919 年の時点において神戸市全体で 215 人を数えた白系ロシア人のうち、大半の 200 人が同署管内に居住していた。ここには旧外国人居留地やそれに隣接する旧山手雑居地と呼ばれる地域があり、行政的には旧・生田区とおおよそ重なる地域である。旧山手雑居地には、現在、「異人館」のある街並みとして観光地にもなっている重要伝統的建造物群保存地区「北野町山本通」も含まれる。この地域一帯には、「公開異人館」となっている「パラスティン邸」や「香りの家オランダ館」など、かつて白系ロシア人が住居としていた建造物が現存しているほか、阪神・淡路大震災で被害を受けて取り壊されるまで「避難民協会」として利用されていた洋館も立地していた。

ところが、関東大震災以降は三宮警察署管区の東隣の葺合警察署管区内の白系ロシア人人口が急増していく。1922 年末では 20 人に過ぎなかった人口が、大震災が発生した 1923 年の末には 103 人を数えるまでになり、この時点で 83 人にまで減少していた三宮警察署管区の白系ロシア人人口を越すこととなった。

その後も断続的に神戸へ白系ロシア人が移住してくる状況が続くなかで、とりわけ葺合警察署管区の人口が増加傾向をみせ、1925 年には 170 人、1928 年に

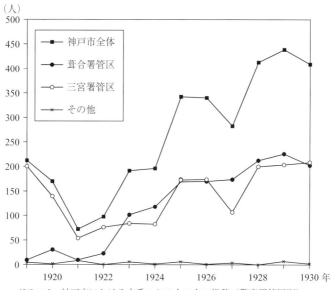

グラフ 2　神戸市における白系ロシア人の人口推移（警察署管区別）
出典：『神戸市統計書』。中西（2004）による図を一部修正。

は 213 人と増えていく。そして、神戸市在住の白系ロシア人の数が 439 人と最
多となった 1929 年には、同署管区だけで、その半数の規模に迫る 227 人を数え
た。これは、それまで最も数の多かった中華民国人を凌駕し、同年の同署管区
における在住外国人として最大規模になったことを意味した。この流れに呼応
して、先述した 2 つの正教会、それに避難民協会とその付属学校など、多くの
施設が葺合警察署管内で設立されていった。1930 年頃には三宮警察署管区での
人口も再び 200 人程度を数えるまでに増加しており、この頃の神戸における白
系ロシア人の居住地域や主な活動地域は、旧居留地に近い三宮署管内の旧山手
雑居地と葺合署管内の阪神急行電鉄（阪急）神戸駅（後の上筒井駅）周辺に集中し
ていた。
　神戸への白系ロシア人の流入が進んだことによって、白系ロシア人内部の社
会的な多様性も増していった。その典型的な様相を就業状況からみていこう。
一番初めに神戸に居住した白系ロシア人は、ロシア革命の前から生活していて、
ロシア帝国の崩壊を受けて亡命を余儀なくされた人々であった。神戸には外国
人居留地が設けられ、帝政ロシアの総領事館も所在していたことから、その多

くは外交官や貿易業関係者、そしてその家族などであった。ロシア革命の翌年でも神戸市在住のロシア人は 83 人に過ぎなかったが、1919 年には 215 人と急増し、2 年後には 72 人に急減するなど、この時期は一時的に神戸へ移ったものの、海外へ再移住していく人も多かった。

『神戸市統計書』から 1920 年の白系ロシア人の就業状況をみてみると、「家族ニシテ無職」の 85 人を除けば、最も多いのが 37 人の商社員、次いで 29 人の貿易商となっていた。同年の白系ロシア人全体の人口が 173 人であることを考慮すると、有職者の大半が商社員か貿易商であったことがわかる。ところが、関東大震災が発生した 1923 年の末になると、「家族ニシテ無職」が 101 人に増えるとともに、それまで確認できなかった「行商人」という項目が最多の 55 人となる。これ以降、統計の残されている 1930 年まで、神戸市では「行商人」が白系ロシア人に最も多い職業として推移していく。

一般的に、日本で暮らす白系ロシア人の多くは羅紗と呼ばれる毛織物の行商を営む者が多かったとされる。神戸についていえば、この傾向は関東大震災後に顕著になったといえよう。ただし、行商という職種は、インフォーマル・セクターといわれる公的な記録や把握がなされにくい経済的部門に含まれる。そのため、必ずしも行政の統計書に正確な数値が記載されているとは限らない。実際に、『神戸市統計書』には行商人の記録がない 1922 年の 6 月において、大阪市内に宿泊していたタタール系白系ロシア人の行商人 3 名が神戸市葺合町の白系ロシア人宅に下宿先を移し、神戸市内で羅紗の行商を行なっていたという外事警察の記録が残っている。また、同年 9 月に兵庫県警が行った調査について、以下の記述がみられる。

　　神戸市在住タタール系露国人羅紗行商の現況を見るに、曩に夏季に入り商取引閑散となるや相連りて帰哈〔ハルビン〕し、残留したるは左記十一名にして此等の内、或者は一、二泊の予定で〔兵庫県警〕管内又近県に行商を試したるも売行捗らしからず。依って大部は保養の意味に於て秋の来るを待て居り〔兵外発秘 270 号、大正 11 年 9 月 4 日（外務省外交史料館『外国人動静関係雑纂 露国人ノ部』第二巻所収）〕

ここから、1922 年時点で神戸に拠点を置いて行商を営むものがいたことがわかる。また、タタール系を含めた白系ロシア人の「基地」ともいうべきハルビンと神戸との間を行き来し、循環型の季節労働者として行商を行なっている状

況も確認できる。彼らの販路は京阪・神姫だけでなく、西日本各地や関東地方、さらに朝鮮半島へも拡大していた。

　行商人のなかにはタタール系のイスラム教徒のほかにも、正教徒やユダヤ系もいた。彼らのなかには、神戸で貿易や製菓関連での開業資金を行商によって得たものや、露天商のような形態で生活資金の確保を目指したものもいたという。しかし、既にハルビンでタタール系の白系ロシア人を中心とした行商組織が整えられていたため、そのネットワークと関わりを持つタタール系の人々が日本の白系ロシア人行商のなかでも顕著であった。

　外務省外交史料館に所蔵されている資料をもとに、1922 年から 1926 年までの 5 年間に神戸市内を居住地としていた行商人を確認してみると、49 人中、38 人が葺合警察署管区内に居住していた。さらに地域を町字ごとにみてみると、23 人と最も多い葺合町をはじめ、上筒井通や籠池通といった山手側の地域に集中していることがわかる。この地域一帯は 1920 年に阪急の終着・神戸駅が新設され、主に大阪方面へのアクセスの利便性が上がった。この駅は 1936 年に三宮方面へ延びる新線が開通すると上筒井駅に改称され、路線も本線から支線となるが、それまでは神戸市東部のターミナル駅として機能し、周辺一帯は宅地開発や繁華街の形成が急速に進んでいった。こうした時期に神戸へ流入してきた白系ロシア人にとって、この地域が新たな生活基盤を築くためのかっこうの受け皿となったのである。

　この地域に白系ロシア人の中でも行商を営む人々の集住地区が形成された要因として、大阪との近接性は非常に重要であった。白系ロシア人の行商の多くが羅紗を商品として扱っていたことは述べたが、それらの主な仕入れ先が大阪の谷町地区一帯に集中していたからである。第 2 章で小野が詳述するが、当時、タタール人コミュニティの間で読まれていた『民族の旗』というエスニック・メディアがあり、掲載された広告の大半が、羅紗地や外出着・コート・ズボンなどの既製服を扱う卸業者のものであった。中でも大阪・谷町の業者が東京・神田岩本町と並んで突出し、両地域だけで広告全体の約 7 割を占めていた。このことから、仕入れ先の大阪方面に交通の便が良い阪急神戸駅（後の上筒井駅）周辺が、白系ロシア人行商の生活拠点になったと考えられる。

　一方で、この時期に葺合警察署管区と並んで白系ロシア人の居住者が多かった三宮警察署管区には、白系ロシア人の行商は 9 人しか確認することができない。同署管区は旧居留地や旧山手雑居地をはじめ、商業地区や官庁街を抱える神戸の中心市街地で、そこに暮らす白系ロシア人の就業状況は、葺合警察署管

区とは異なっていたのである。

　ここで外交史料館所蔵資料に記録されている兵庫県における「ナンセン・パスポート」の発給申請者を確認すると、興味深い特徴が認められる（表1）。住所や職業などの記録が残っている 1927 年から 1940 年までの 30 人のうち、大半が北野町や山本通など三宮警察署管区の居住者によって占められており、その職業も「貿易商」「商会員」「雑貨商」などのホワイトカラー層が多数である。

　渡航先はアメリカを筆頭に、ヨーロッパ諸国やパレスチナ、それに東南アジアなど世界各地に及んでいる。また、難民として移動したことによる離散家族との面会やブラジルへの再移住などの渡航目的もみられるが、全体としては商用によるものが顕著である。だが、当時の白系ロシア人のなかで最も多かった行商人は見当たらず、葺合警察署管区の居住者は、1927 年に発給を受けた神戸市神若町在住の「拳闘家」3 名のみである。なお、発給番号 144 の申請者は、第 2 章で詳述するイスラム教スンニ派の最高教育機関・アズハルへの留学生の一人である。このように、同じ神戸市内に暮らしていた白系ロシア人のなかでも、さまざまな差異が存在し、それは居住地の空間的な差異とも強く関連性を有していたのである。

4　外事警察による監視と取り締まり

　白系ロシア人は、他の外国人と同様に、日本の公安当局から監視対象として認識されていた。とりわけ、職業上、極めて移動性の高い白系ロシア人行商は、その行動の把握が困難な上に、様々な人々との接触が頻繁なため重要な警戒対象とされていた。さらに、入国管理の際に前述したように「入国提示金制度」が設けられていたが、白系ロシア人行商のなかには地域を越えた人的ネットワークを用いて、提示金を相互に立て替えるという事例も多く、当局の意図が形骸化するという懸念がなされていた。

　そうしたなか、『東京朝日新聞』の 1922 年 2 月 22 日夕刊に、「官憲の眼が光る露人の羅紗売り　大阪で買い込んで市内をウロウロ」という見出しの記事が出された。この記事によると、「最近羅紗行商人として韃靼系〔タタール系〕の露西亜人が〔東京〕市内を徘徊し中には随分ボロ服を着て胡散臭そうに歩いて居るので官憲は眼を光らし厳重に身許調査をして居るが斯の種の亡命露国人は既に五六十名も入京し目下神戸大阪に最も多く」、「彼等が初めて大阪に入込んだのは去年の春頃で其時は四五人に過ぎなかったが谷町辺で羅紗の売買に巨利を

表 1　兵庫県における「ナンセン・パスポート」申請者一覧（1927 年 9 月以降）

発給 No.	発給 年月日	住所	職業	性別	年齢	渡航先	渡航目的
99	1927. 9. 11	神戸市神若通 4 丁目	拳闘家	男	28	—	—
100	1927. 9. 11	同上	同上	男	29	—	—
101	1927. 9. 11	同上	同上	男	27	—	—
112	1928. 4. 4	神戸市吉田新田濱山	—	男	54	—	—
113	1928. 4. 4	同上	—	—	54	—	—
114	1928. 4. 4	同上	—	男	33	—	—
115	1928. 4. 11	神戸市北野町 4 丁目	—	—	26	—	—
136	1935. 1. 22	神戸区北野町 3 丁目	—	女	22	フランス	結婚
137	1935. 3. 13	神戸区北長狭通 3 丁目	婦人洋服 並帽子商	女	37	ロンドン	商用
138	1935. 5. 14	武庫郡本庄村 深江神楽田	無職	女	47	パレスチナ	実妹と面会
144	1936. 8. 3	神戸区中山手通 2 丁目	学生	男	13	カイロ	留学
154	1936. 6. 3	神戸区京町	無職	女	44	ロンドン	実子と面会
146	1936. 11. 18	神戸区加納町 3 丁目	雑貨商	男	40	バンコク	商用
153	1937. 1. 9	神戸区山本通 3 丁目	無職	女	59	アメリカ	家事整理
154	1937. 1. 9	同上	裁縫商	女	30	同上	同上
*115	1937. 2. 5	神戸区中山手通 2 丁目	婦人洋服商	女	40	上海・香港・ シンガポール	商用
156	1937. 5. 19	神戸区北長狭通 3 丁目	婦人洋服 並帽子商	女	39	アメリカ	商用
157	1937. 6. 8	神戸区下山手通 2 丁目	雑貨貿易商	男	30	アメリカ	商用
158	1937. 9. 15	神戸区中山手通 4 丁目	雑貨貿易商	男	29	アメリカ	商用
159	1938. 2. 28	神戸区北野町 3 丁目	機械技師	男	31	—	船員に就職
160	1938. 4. 12	神戸区北野町 3 丁目	商会員	男	31	イギリス	商用
163	1939. 9. 27	神戸区北野町 4 丁目	—	女	39	ブラジル	移住
164	1939. 11. 10	神戸区北野町 2 丁目	菓子職	男	18	—	商船乗組
165	1939. 11. 14	神戸区山本通 1 丁目	速記 タイピスト	女	37	香港	知人訪問
166	1939. 12. 15	神戸区北野町 4 丁目	婦人帽子職	女	31	マニラ	親戚訪問
167	1940. 9. 13	神戸区山本通 2 丁目	貿易商	男	41	ニューヨーク	病気治療
168	1940. 11. 9	神戸区山本通 1 丁目	商会員	男	21	北米	勉学
169	1940. 11. 13	神戸区北野町 3 丁目	無職	女	38	ブラジル	移住
170	1940. 11. 13	神戸区北野町 3 丁目	製図職	男	34	ブラジル	移住
171	1940. 12. 9	神戸区山本通 2 丁目	貿易商	男	61	仏印	商用

—は不明。年齢は数え年。発給 No.137 と No.156 は同一人物。

*115 の発給 No. は資料に記載のまま掲載。発給 No.169 は 6 歳の娘同伴。

出典：外務省外交史料館『外国人身分関係雑件　露国避難民ニ対スル身元証明書発給ノ件』
　　　中西（2004）による表を加筆修正。

占めると次から次ぎと集まって昨年十一月頃から俄に増加し目下百五十人乃至二百人に達して居る」という。また、その行商の手法として、現金で仕入れることで価格を 8 割程度に抑えつつ、「片言交りの日本語を操って商館や会社等に売歩く」という様子が記述されている。記事には公安当局の言として「哈爾浜方面に数回問合せの結果別に危険思想の宣伝の為めに渡来したものとは思われないとの情報である」と記されながらも、「注意は絶えず怠らない」という当局の姿勢が示されている。

　さらに、同年 3 月 16 日の新聞に、大阪洋服商工同業組合と関西高等洋服商組合の連名で、「洋服需用者に急告」と題する広告が出された。その内容は、「近頃露国人と称し洋服地を各地に行商し需用者が智識眼なきに附込み法外の高価を以て販売し相手が外国人たるが故に盲信して粗悪品を買取り迷惑されたる需用者多数ありと認めたり此に需用者各位に警告す」(『大阪毎日新聞』1922 年 3 月 16 日)というものであった。実際にこのような商行為が行われたのかは定かでないが、1922 年という時期に日本社会で白系ロシア人との軋轢がすでに存在していたことを示唆するものといえよう。これらの新聞記事や広告は外事警察のなかでも注目され、情報収集の結果、当時の状況を以下のように分析している。

　　　客年以来露国服地行商人多数渡来大阪市東区谷町二・三丁目附近服地行商より比較的安価なる服地を仕入恰も舶来品なるが如く装い切売する者漸次増加し中流以下の洋服商は大打撃を蒙りつつあるを以て之が対策として警告的広告を為したる［外秘第 1840 号・大正 11 年 4 月 12 日（外務省外交史料館『外国人動静関係雑纂府県報告露国人ノ部』第一巻所収)］

　なお、この件に関しては、「其の後渡来するもの増加せざるを以て具体的運動を為さざる趣なり」との認識を示しているが、以降、行商という販売形態をとっていた白系ロシア人と日本人との間でのトラブルや違法販売への懸念が残ることとなった。

　さらに、日本当局が警戒した事項が、先述の『東京朝日新聞』記事にも「危険思想の宣伝」という文言で触れられていたような、「ロシア人」である彼らがソビエト政権や国内の共産主義勢力の「主義宣伝」や諜報活動に利用されるのではないかといった懸念である。先に挙げた懸念がいずれも経済に関わる事項であったことに対して、外事警察などの公安当局が最も重視したのは思想的な取締りであった。1924 年 11 月には内務省警保局長名で、各庁府県に向けて白系

ロシア人の取り締まり強化を求める旨の通達が出されるに至った。

　実際にどのような取り締まりが実施されたのかといえば、白系ロシア人への尾行や職務質問などである。これに関しては外事警察の資料に数多く記録が残されており、とりわけ行商人に対しては宿泊先や同宿者の情報など、尾行調査で得られた情報がこと細かに記されている。白系ロシア人行商が府県を越えて移動する際には、各庁府県の警察当局同士での情報交換が電報を通して緊密に行われており、ときには白系ロシア人に対する直接の職務質問もなされていた。これらの詳細な記録によって、当時の白系ロシア人を取り巻く状況を垣間見ることができるというのは非常に皮肉なことであるが、無国籍者である白系ロシア人を日本の当局がどのように認識していたのかを窺い知ることができる。

　こうした監視体制のなかで、実際に検挙される白系ロシア人も現れる。神戸における代表的な事例としては、1924年に神戸を拠点に行商集団の元締めをしていた白系ロシア人の兄弟が詐欺の容疑で検挙されたというものがある。だが、この検挙に関しては、彼らが共産党員で「赤化宣伝」を行なったという容疑が同時にかけられていたのである。最終的に彼らは国外退去処分を受け、別々に旧満洲へ移送されることとなった。その際、1926年2月に当時日本統治下にあった朝鮮の国境の町・新義州で、弟に対して行なわれた最後の取り調べ記録が以下の通り残されている。

　一、自分は従来神戸市上筒井通一丁目六六番地に居を構え羅紗類等の行商の
　　　元締を為し居たるが兄（略）も曩に退去処分に附せられ今回又自分も同様の
　　　運命に遇いたり
　一、退去を命ぜられたる理由は赤化宣伝の疑あるに因るも元来自分は過激派
　　　を恐れ避難したる者なるに反って危険視せられたるが現在労農露国と握手
　　　したる日本は既に赤化しつつありと云うべし云々と嘲笑的言を弄したり［高
　　警第512号・大正14年2月16日（外務省外交史料館『外国人退去処分関係雑件露国人
　　ノ一』所収）］

　ここで「現在労農露国と握手したる日本」と述べられているのは、1925年1月に日ソ基本条約を締結してソビエト連邦を正式に承認し、国交を結んだ日本政府を揶揄したものである。「過激派」、すなわちボリシェビキを恐れ難民として日本へ渡った白系ロシア人である自分たちが、ソビエト政権を承認した日本政府に「赤化宣伝」の容疑で追い立てられる理不尽を訴えた供述といえよう。

5　日ソ国交樹立と白系ロシア人

　この日ソ国交樹立は白系ロシア人社会のなかで大きな衝撃をもって受け止められた。ロシア革命後もしばらくは帝政ロシアの在外公館が諸々の手続きを継続することもあったが、日ソ基本条約の締結と発効により、名実ともに白系ロシア人は無国籍となったのである。また、1920 年から続く「入国提示金制度」について、1925 年 6 月に外国人全般に対する廃止が内務省内で検討されたが、「旧露国人にして労農露国の国籍取得者にあらざるもの及其他避難を目的とする外国人」に関しては、従来のままの制度を運用し続ける旨が示された。日ソ基本条約締結から 1 年後の様子を伝える新聞記事には、「露人でも白色系が幅を利かせていたが日露国交快復とともにそれ等の人達は何れも影を潜め」たという記述がみられる（『神戸新聞』1926 年 1 月 4 日）。庇護の義務を有する政府がない無国籍という不安定な法的地位のもと、白系ロシア人は国際政治や日本当局の諸政策に翻弄されつづける存在としての側面を有していたのである。

　白系ロシア人に対する日本当局の監視は 1930 年代以降も継続していく。こうした状況のなかで、白系ロシア人社会は国際情勢の緊迫化や日本国内の治安維持体制強化に呼応した動向をみせていく。その代表的な事例が、国境を越えたファシスト団体の結成と活動である。

　1931 年にハルビンで「全露ファシスト党本部」が結成されると、1933 年 7 月にその日本支部が設立された。ロシア・ファシスト党という名称でも呼ばれたこの組織は、さらに日本支部の傘下に東京・横浜・九州の各支部を置いた。ファシズム隆盛の情勢に大きく影響を受け、この団体は日本支部の結成年に日本の陸軍宛てに 303 円の国防献金を送った。神戸にはまだロシア・ファシスト党の組織は存在しなかったが、1934 年に同党ニューヨーク支部の責任者が来日した際に、東京支部長とともに神戸を訪れている。その時の様子を伝える『神戸又新日報』の記事には、前述のニューヨーク支部の責任者によるコメントが載っている。

　　我々の運動はいま世界の到る処に散らばっている白ロシア人〔白系ロシア人〕を一つの旗のもとに組織しようとするのです、日本には既に東京に支部が出来ている、メンバーは二百人ほどだ、僕が今度日本に来たのは日本により強力な党を造るための視察と遊説だ、神戸にも六百人ほどの白ロ

シア人がいると思いますがまだ組織までには手がつけられていぬ、とにかく我々の目的は祖国をとり返すことだ、その為にはあらゆる努力を惜しまない（『神戸又新日報』1934年3月23日）

　こうした動きを、内務省警保局は「赤系に利用せらるるもの、赤系人物にして警察的視察を避くる為表面上白系を装う者」に加えて、「反ソ主義を主張する露人団体にして最近の国際情勢」に呼応して「右翼団体と連絡提携を図り我国内を本拠として各種の策動を企」てる恐れがあると警戒と監視を強めていた［荻野　1992c：4］。その背景として、「全露ファシスト党本部」の日本支部は反ソビエトを鮮明に示した団体であり、日本の右翼団体とも連携を模索していたことがあげられる。

　神戸においてもしだいにファシスト運動に傾倒する者が現れ、1938年ころには神戸支部が発足し、活動を行っていた。例えば、ソ連を擁護する立場を示した神父に反発して新設された聖ウスペンスキイ教会の神父や避難民協会会長らによる座談会を開催するなど、神戸における白系ロシア人社会の重要な人物もその活動に関わっていた。「全露ファシスト党本部」が旧満洲において反ユダヤ的な活動も行っていたことを考えると、当然ながらユダヤ系の白系ロシア人との間には深刻な分断があったことが推測される。また、正教徒の白系ロシア人全般がファシスト団体に関わりを持っていたわけではなく、既存の白系ロシア人団体とファシスト団体との間にも大きな対立があったという。

　一方で、ファシスト団体以外でも国防献金を行なった白系ロシア人組織が神戸にはあった。それはタタール系の人々が組織した神戸イデル・ウラル・トルコ・タタール文化協会であり、例えば1937年には400円と90個の慰問袋を寄付したり［内務省警保局編　1987c：152］、同協会幹部の娘が三宮の駅頭で千人針の玉留めを募ったりという光景が見られた（*The Osaka Mainichi & the Tokyo Nichi-nichi*, 1937/9/5）。これらの活動を取り上げた日本の新聞記事は、前述の『民族の旗』にもタタール語に翻訳して転載され、タタール人による日本社会への貢献事例としてコミュニティ内で肯定的に報じられている（『民族の旗』88号・1937年8月、同92号・1937年9月）。

　同協会は1941年にも3390円50銭の国防献金を行なっており、国内の右翼団体との連携を警戒していた日本の公安当局も、こうした行為を「本邦在住旧露西亜人は概ね下層階級に属するが、永年日本にて安居楽業し得るは日本政府のお蔭なりとて感謝し、（中略）皇軍の戦果を喜ぶと共に左の如く国防献金を為し

た」[内務省警保局編　1987g：300] と評価している。

　しかし、国際情勢がより緊迫化し、劇的に変動していくなかで、しだいに白系ロシア人を取り巻く状況も混迷の様相を強めていった。1941 年には日ソ中立条約が結ばれたが、これにより反ソビエト的な活動を行なっていた組織や個人はその勢いを失ったり、日ソ両国からの圧迫を恐れるといった事例もみられた。その一方で、白系ロシア人は「敵国人」ではなく「中間国民」という位置づけがなされたので、日米開戦以降もアメリカやイギリスの国籍保有者のように国外退去を強いられることはなかったが、兵庫県内の移動の際にも当局の許可が必要になるなど、日常生活に様々な制約が生じることとなった。

　こうして、日本国内で経済統制の度合いが高まってくると、洋服生地の行商を行なうにも商品を仕入れることが困難になったため、「白系露西亜人洋服商組合」という組織を結成し、兵庫県の斡旋で物資の配給を受けるという動きもみられた。しかし、先行きの見えない状況を受けて、日米開戦後に海外へ再移住する人も少なからずいた。また、神戸に残留した人々も近郊の有馬へ実質的には監視下に置かれての疎開を余儀なくされ、さらには複数回にわたる神戸への大規模空襲の被害を受け、その後に待ち受ける終戦直後の混乱期を迎えることとなった。

6　白系ロシア人社会の衰退

　激動の時期を経て、第 2 次世界大戦後の神戸における白系ロシア人社会は急速にその規模を小さくしていく。1947 年度版の『神戸市統計書』によると、当時の在住白系ロシア人は 152 人と、戦前に比べてかなり数を減らしていることがわかる。この背景には、戦後も神戸に残った人々のなかにも、終戦直後の混乱期に多くが海外へ再移住していったことがあった。加えて、タタール系の多くがトルコ国籍を取得し、「白系ロシア人」ではなく「トルコ人」として自他ともに認識されるようになっていった。『新修神戸市史　歴史編Ⅳ　近代・現代』によると、1948 年 4 月時点で神戸市には 163 人の白系ロシア人のほかに、177 人のトルコ人が暮らしていたとされるが、そのなかに戦前期には統計上、白系ロシア人として数えられていた人が少なからず含まれているものと考えられる。

　こうして、第 2 次世界大戦後も神戸で定住した白系ロシア人は大半が正教徒となり、海外に身寄りのない高齢の人々が目立つようになった。そのため、語学教師や家庭教師を務めていた人々や不動産業や菓子製造業を営んでいた人々

を除くと、ほとんどが無職であったとされる。また、日本での定住を決断した人のなかには日本国籍を取得した人も多くおり、無国籍である白系ロシア人の数は時代を経るごとに少数になっていった。そして、他の諸外国の国名とともに挙げられていた『神戸市統計書』の国籍別在住外国人人口の一覧から、1965年を最後に「白系ロシア」という項目が姿を消す。その最後の統計に残された数字は、神戸市全体で55人であった。その数字を行政区別にみると、最多の生田区（現在の中央区西部）が41人、葺合区（現在の中央区東部）が10人、その他が4人であった。ちなみに、生田区と葺合区は、それぞれ戦前の三宮警察署管区と葺合警察署管区に大部分が重なる区域で、かつてそれぞれに200人を超える在住者を有した。季節労働者として旧満洲方面から訪れる人々も含め日本における白系ロシア人の拠点であった神戸の白系ロシア人社会は、こうして衰退という局面を迎えていったのである。

　神戸における白系ロシア人社会の歴史は、国際社会や日本社会の変動のなかで大きく揺さぶられ続けた歴史であった。難民として、亡命者として、そして無国籍者として、極めて不安定な法的・社会的地位に追いやられた上に、戦前・戦中と外事警察の監視対象として扱われていたのである。そして、ソビエト政権を支持せずに国外へ逃れたにもかかわらず「赤化宣伝」の容疑をかけられこともあれば、避難した日本の政府がソビエト政権と国交や中立条約を結ぶなど、日本社会やソビエトとの関係が常に生活に影響を及ぼし続ける状態にあった。

　そうしたなかで、彼らは宗教を単位として神戸で活発な組織活動を行なっていったが、注目すべきはその多様なあり様である。「白系ロシア人」は一枚岩のエスニック集団ではなく、その内部に抱える様々な文化的・宗教的・社会的な差異に基づき、「ロシア」にも「ソビエト」にも、また移住地である「日本」という枠組みにも決して回収されえない多様なアイデンティティや生活世界を築いていったのである。また、たとえ宗教を一にするとしても、個々人の思想信条やソビエトに対する認識の違いなど政治的・社会経済的な相違も存在した。神戸における白系ロシア人社会は極めて多層的で複雑なものとして捉えなければならないのである。

　白系ロシア人の難民としての特性は、戦前・戦後を通して親族の離別という形で現れた。それが神戸や日本からの再移住を促した要因であることは間違いない。しかし、彼らが海外に定住の場を求めた一因は、難民などの外国人の定住や定着に消極的で、外国人の社会統合に関する政策に乏しい日本社会の特徴によるところも大きい。白系ロシア人に関しても、例えば入国提示金制度をは

じめとする諸政策が、彼らの流入や定着に大きな障害となったことは確かであろう。

　近代日本の受け入れた最初の難民ともいうべき白系ロシア人の築いた社会が、神戸に存在したという事例は日本社会の多様性の証しともいえる。しかし、その白系ロシア人社会は一世紀にも満たない間に、その面影を失うまで衰退していった。「単一民族国家」といった言説が長らく存在してきた日本において、この章で取り上げた事例は一つの反例となるであろう。そして、本来、流動的で多様性を有する社会や人々の生活が「国民国家」の排他性とそれに基づく諸制度に、いかに影響を受けて編成されていくのか、白系ロシア人の足跡はその事実を突き付けているともいえよう。

　注
　（1）　ロシア帝国によって中国東北部に19世紀末から20世紀初頭にかけて建設された鉄道。路線は満洲里からハルビンを経て綏芬河に至る本線と、ハルビンから大連・旅順に至る支線からなる。
　（2）　1918年から1922年にかけて、第1次世界大戦の連合国がシベリア地方に軍隊を派遣したロシア革命に対する干渉戦争。1920年に大半の国が撤兵した後も、日本軍は兵員の派遣・駐留を継続した。

主要参考文献
長縄光男・沢田和彦編
　　2001　『異郷に生きる――来日ロシア人の足跡』成文社。
中西雄二
　　2004　「神戸における白系ロシア人社会の生成と衰退」『人文地理』56巻、649-669頁。
中村喜和・長縄光男・長與進編
　　2003　『異郷に生きるII――来日ロシア人の足跡』成文社。
二松啓紀
　　2018　『カラー版　絵はがきの大日本帝国』平凡社。
ポダルコ、P
　　2010　『白系ロシア人とニッポン』成文社。
The Kobe Muslim Mosque ed.
　　1935　*The Kobe Muslim Mosque: A Souvenir Booklet Issued in Commemoration of the Opening Ceremony of the Kobe Muslim Mosque October 1935,* Kobe: The Kobe Muslim Mosque.

引用文献
荻野富士夫編・解題

1992c 『特高警察関係資料集成　第一七巻』不二出版。
内務省警保局編
　　1987c 『厳秘・外事警察概況　第三巻　昭和一二年』不二出版。
　　1987g 『厳秘・外事警察概況　第七巻　昭和一六年』不二出版。

その他本文中の参考文献・出典については http://urx.red/0YqH を参照されたい。

第2章 『民族の旗』紙からみる極東の
タタール人ネットワーク
アズハル留学派遣事業のてん末

小野亮介

1 タタール人の極東への到来と組織化

　第1章での神戸における白系ロシア人の総論的叙述を受けて、この章ではその中の一集団であるタタール人を取り上げる。テュルク系（Turkic。トルコ共和国のトルコ人Turkishもその一グループで、言語・文化・慣習などを大まかに共有する）の出自で、ロシアのヴォルガ（イディル）河流域やウラル山脈南部のあたりを故郷とする彼らは、ロシア革命以降の混乱を受けて日本（朝鮮半島を含む）・満洲・華北の一部などで、多くの場合無国籍の状態でコミュニティを築いた。彼らは、同じく神戸を拠点としたインド系ムスリムと並んで、近代日本が集団として初めて接することになったムスリムである。そのため彼らに注目することは、在日ムスリム・コミュニティの初期のあり方を知ることにつながる。この章ではコミュニティの機関紙の役割を果たしたタタール語紙『民族の旗（*Milli Bayraq*）』を手掛かりに、戦前・戦中期の極東のタタール人コミュニティが直面した宗教指導者・宗教学者の養成という社会的問題を探っていく。彼らはその対策として、エジプトの首都カイロにある名門の宗教教育機関であるアズハルに子弟を派遣するが、留学のてん末を巡る議論を入り口として、彼らのネットワークの広がりを垣間見ることができる。

　はじめに、タタール人が極東に来るまでの歴史的経緯を確認しておこう［松長 2009：3-30、鴨澤 1982：27-52］。タタール人は、ヴォルガ河中流の左岸に位置するカザン（現在のロシア連邦タタールスタン共和国）を首都とし、モンゴル帝国の系譜をひくカザン・ハン国の滅亡（1552年）により、ロシア人に支配されるようになった。筆者は神戸の外国人墓地を訪れたことがあるが、埋葬者55名のうちカザン出身者はごく僅かで、少なくとも13名は、カザンの対岸であるヴォルガ右岸から400キロメートル西南に位置し、隣接しあう3つの村（同モルドヴィア共和国、東欧のモルドヴァとは無関係）に集中していた。また南ウラル地方のウファ（同バシ

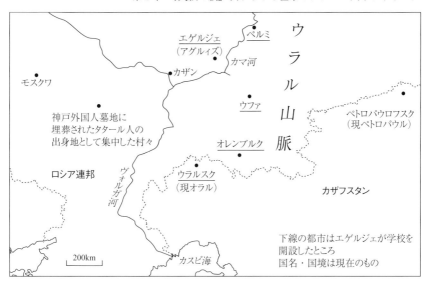

モスクワ

エゲルジェ
（アグルィズ）

ペルミ

カザン

カマ河

ウ
ラ
ル
山
脈

神戸外国人墓地に
埋葬されたタタール人の
出身地として集中した村々

ウファ

ペトロパウロフスク
（現ペトロパウル）

ロシア連邦

オレンブルク

ヴ
ォ
ル
ガ
河

ウラルスク
（現オラル）

カザフスタン

下線の都市はエゲルジェが学校を
開設したところ
国名・国境は現在のもの

200km

カスピ海

地図 1　ヴォルガ・ウラル周辺図（Google マップを基に筆者作成）

コルトスタン共和国）一帯やより南部の主要都市であるオレンブルク、更には東南
方のペトロパウロフスク（現在のカザフスタン）などの出身者もいた。カザンに限
らず、より広い地域から彼らは神戸へやって来たことがわかる（地図1）。これは
小松や濱本も触れているように、大半がムスリムであるタタール人が正教徒の
ロシア人による迫害を避け、彼らの宗教的・文化的伝統がカザンよりも周辺の
地方で生きながらえていたことを示唆している［小松 1983、濱本 2011］。なお、こ
の章で述べてゆく極東のタタール人は、カザン周辺に住む狭義のタタール人だ
けでなく、バシキール人やミシェル人など近隣のテュルク系のエスニック・グ
ループも含んでいる。

　タタール人は18世紀半ば以降、とりわけ、ムスリムに対し寛容だったエカチェ
リーナ2世の時代（1762 ～ 1796年）より、テュルク系ムスリムの多い中央アジア
との中継交易に従事し、それを背景として19世紀後半には近代化を志向する知
識人層が形成される。特に教育面では、アラビア語・ペルシア語を基礎とした
それまでの伝統的なイスラム教育に加え、数学・理科・地理などの世俗的な科
目を取り入れ、テュルク系の母語（タタール語）による新式教育が、平易な文章
語による新聞の普及とともに盛んとなった。また19世紀末から20世紀初頭にか
けて、東清鉄道〔11ページ〕が敷設されると、タタール人はハルビンを中心に満

洲にも進出した。ロシア革命（1917 年）とそれに続く内戦、ヴォルガ流域を襲っ
た大飢饉（1921 ～ 1922 年）、ボリシェビキへの不服従などから、元兵士や難民と
して更にタタール人が満洲に流入し、1921 年頃より日本にも来るようになった。
彼らは日本では東京・神戸・名古屋・京城（現在のソウル）・釜山で、満洲ではハ
ルビン・ハイラル・奉天（現在の瀋陽）・吉林で、中国では天津や上海などでコミュ
ニティを築き、主に既成洋服や羅紗地、金物の行商などに従事した。

　第 1 章でも触れたように、行商を営むタタール人が神戸にコミュニティを築
いた大きな理由が、大阪・谷町へのアクセスの良さだったことは間違いない。
それだけでなく、19 世紀後半の交通・通信のグローバル化によって確立された
インド洋交易ネットワークに神戸も結びつき、タタール人より先にインド系ム
スリムが根付いていたことも見逃せない。神戸港にはインドから綿花がもたら
され、逆に神戸港からは大阪や播州の綿織物、福井や金沢の絹織物が輸出され
ている。国際港湾都市神戸でタタール人がコミュニティを築いたのは自然の成
り行きだったろう。

　残念ながら極東のタタール人の人口は正確な記録がないので、在神タタール
人についても推測に頼るしかない。研究者によって数字はまちまちだが、ひと
まずコミュニティの指導者の一人だった Gh・ムスタファ（後述）の言う阪神地区
で 150 人くらいという数字を念頭に置くことにしよう（『大阪毎日新聞』神戸版 1938
年 6 月 1 日）。

　在日タタール人の組織化は、ロシア革命後の内戦では白軍側についてボリシェ
ビキに対抗した Gh・クルバンガリーという宗教知識人によって進められた。
1924 年に東京に落ち着いた彼は、軍部や政財界と関係を持ち、東京回教団の設
立、回教学校・回教印刷所の開設など在京コミュニティを整えていく。しかし
1933 年 10 月にガヤズ・イスハキーが来日すると、両者は激しく対立した。イス
ハキーは作家として知られ、ヨーロッパで反ソ的なタタール民族運動「イディ
ル・ウラル」を指導した人物である。彼はクルバンガリーとは別に、日本・満
洲各地で「イデル・ウラル・トルコ・タタール文化協会」(以下、協会と略記) を設
立し、同胞を組織化した。在神タタール人コミュニティも、以前の組織を神戸
協会へと改め（会員には大阪・京都・広島・高知在住者もいた）、名古屋や朝鮮半島、
満洲の諸コミュニティとともに、イスハキーを支持した。

　1935 年 2 月に奉天で開催された「極東クリルタイ〈大会〉」で、教育や宗教な
どコミュニティの諸問題が検討され、神戸にあった協会本部は奉天に移転した。
この章で焦点を当てる『民族の旗』紙も、イスハキーが携わりその年の 11 月に

奉天で創刊されたものだ。4 面構成の週刊紙として刊行が続いた後、1942 年秋におおよそ 10 日に一度の刊行となり、1945 年春頃までに約 400 号が刊行された（1945 年 8 月の 440 号までという説もある、部数は 400 〜 500）。同紙の機能として、報道・組織化・イデオロギーの 3 点が挙げられる [Usmanova 2007]。

　在日タタール人については、鴨澤の先駆的な研究 [鴨澤 1982, 1983] を始め、外交史料や新聞、雑誌など豊富な日本側の記録をもとに一定の研究がなされて来た。一方、『民族の旗』紙は極東のタタール人コミュニティに関する最も重要な文献でありながら、タタール人研究者ウスマノヴァを数少ない例外として [Usmanova 2007]、これまで日本だけでなく世界的にもほとんど利用されてこなかった。それは、公的な所蔵が島根県立大学や大英図書館などに限られ、タタール語（しかも現在は使われないアラビア文字表記）という言語面でのハードルがあったためだろう。そこでこの章では、『民族の旗』の記事、つまり日本語資料からは垣間見ることのできないタタール人の視点から、1930 年代後半から 1940 年代初頭にかけての極東のタタール人コミュニティを覗いてみることにしよう。

2　アズハル留学派遣事業の背景

　次に、なぜ極東でコミュニティを形成したタタール人が子弟をエジプトに送り出す必要があったのかを考えてみたい。『民族の旗』でタタール人コミュニティについて語られるとき、ほとんど常に「宗教的」と「民族的」という言葉が一緒になって現れる。つまり彼らにとって、タタール民族であることとは、敬虔なムスリムであることと切っても切れない関係にあった。逆に、ムスリムとしてのアイデンティティを保てなければ、タタール人としてのそれも危ういということになる。

　だがタタール人は極東へ移住した後、若者世代のイスラム離れの危機に直面した。まず、人々を導くべきイマーム（礼拝導師）の資質に問題があった。『民族の旗』の初期の号のある記事は、極東に移住したタタール人青年男女が生活の向上のためにロシア人と結婚することを嘆いている。イスラムへの改宗も兼ねた結婚手続きにはイマームが立ち合うが、イマームは形式的な手続きと謝礼の受け取り、食事を済ませてしまえば、「自分の商売があるから」と改宗者の教化もせずに帰ってしまい、その後関わることはないという。「犬の尻尾を切り捨てても狼にはできない」ように、ロシア人の改宗はうわべだけのもので真のムスリムとならず、結婚生活は破たんし、タタール人とその子どもは不幸になって

図 1　第 2 陣留学生集合写真
前列左側の白いあごひげの人物がシャムグーニー、後列右から 2 番目がアクシュ。
出典：*Milli Bayraq*, San 59 （1938/1/15）

しまう。こうした不幸に陥らないよう、宗教指導者がタタール人青年に宗教的・民族的な説教をすべきで、協会宗務部はロシア人との結婚を禁止させるべきだとさえこの記事の筆者は主張している。このエピソードは一例に過ぎないが、信仰を維持するのが容易ではない異国の中で、自分本位ではなく、献身的な宗教指導者が求められていたと言えるだろう。

　次に、イスラム教育のための学校や教師も十分ではなかった。タタール人子弟は、日本では横浜や神戸のミッションスクール、満洲ではロシア系の学校に通い、日本の学校に進学や転入したものも少なくなかったことが『民族の旗』の記事から読みとれる。伝統的なイスラム教育は、読み書きやコーランの暗唱、宗教的な物語など基礎的なことを学ぶマクタブ（初等学校）と、より高いレベルの法学・神学・アラビア語文法などを学ぶマドラサ（高等学校）とに大きく分けられる。極東でも神戸のように、モスクとともにマクタブを運営するタタール人コミュニティは多かったが、それ以上の教育、特にイマーム・法学者・教師などの宗教的人材を養成するためのマドラサの需要を極東のコミュニティ内で満たすことは不可能だった。

　そのためハルビンでは既に 1910 年代から、極東のタタール人子弟 100 名以上が学ぶ 6 年制のタタール系中等学校が整備されていったが、後に 4 年制に縮小し、付属図書館も部分開業にとどまった。初等学校でタタール人子弟に民族的教育を施すにしても、自前の中等学校の整備がままならず、非タタール系中等学校（ミッションスクールに対する不信感もあった）に子弟を通わせざるを得ないなかで、どこで、どのように教師を養成するのか。ある記事はこのように『民族の旗』

読者に問題提起している。アズハル留学はこうした現状や将来に対する危機感から生まれたと言えるだろう。

　さらにこの留学は、タタール人の二つの学問的伝統の延長線上にあった。第一の伝統は留学そのものだ。東京回教学校教師の出身で、『民族の旗』の主筆を務めたロクヤ・モハンメディシュ（デウレトキルデ）は、アズハル留学事業についての記事の中で、この事業を「私たちの将来への準備」と位置付けている。彼女はイマームや宗教教師などを養成する必要に触れた後、先人たちの留学を振り返っている。かつてタタール人たちは、学問を追い求めて中央アジアの学問的中心地であったブハラやサマルカンド（どちらも現在のウズベキスタン）などに留学し、祖国（ヴォルガ・ウラル）に戻ったのちはマドラサでの教育や翻訳を通じて人々の啓蒙に人生を費やした。彼らの留学を可能にしたのはタタール人が生業としていた交易だったと彼女はいう。留学を希望する学生は、ヴォルガ沿岸地域から中央アジア・イラン・アラビア半島・インドへと広がるキャラヴァンについていき、行く先々での交易を手伝うことによってブハラ留学の費用を稼いだ。彼女は触れていないが、19世紀にカザンで教師・歴史家として活躍した著名なタタール人の Sh・メルジャニーも、キャラヴァンを利用してブハラ留学を果たしている。

　後に留学先はトルコ・シリア・エジプトにも広がり、ロクヤによると、第 1 次世界大戦勃発以前には、ヴォルガ・ウラルや他のテュルク系の地域からのアズハル留学生は数百名に上ったという。20世紀初頭から活発になったタタール人の民族運動で活躍した知識人たちの多くが、こうしたエジプト留学組だった。ロクヤは、アズハル留学によって将来のための必要性が部分的であれ満たされ、留学生が偉大な先人たちに続き、彼らのように成長することを期待している。

　タタール人の学問的伝統のもう一つは、中継交易によって繁栄したタタール商人が教育活動を経済的に支援したことだった。ブハラに留学したタタール人は帰郷後にイマーム・教師としてモスクやマドラサに着任するが、こうした宗教・学問施設の拡充もタタール商人層の発展を背景としていた。特に、タタール商人の交易拠点としてオレンブルク近郊に18世紀半ばに成立したカルガルでは、モスクやマドラサが次々と建設され、学問の中心地としても発展した。

　こうした寄付の伝統は『民族の旗』でも見ることができる。同紙は極東各地から奉天の協会本部に送られた寄付金の明細を掲載しているが、アズハル留学事業でも日本円・朝鮮円・満洲国円（それぞれ日本円と等価）合わせて少なくとも1613 円の寄付金が集まった。当時、つまり 1936 年頃の 1 円は 2019 年の物価（消

表 1　アズハル留学事業寄付金の都市別一覧

日本	金額（円）	パーセント	口数	平均値	中央値
東京	30	1.9	不明	—	—
名古屋	88	5.5	15	5.9	5
神戸	346	21.4	29	11.9	5
熊本	150	9.3	不明	—	—
釜山	80	5.0	4	20	10
京城	176	10.9	12	14.7	12.5
日本その他	10	0.6	2	5	5
在神インド人	1010	—	20	50.5	25

満洲・中国	金額（満洲国円）	パーセント	口数	平均値	中央値
新京	41	2.5	11	3.7	5
吉林	22.11	1.4	20	1.1	0.75
ハルビン	105.5	6.5	36	2.9	2
ハイラル	496	30.8	不明	—	—
協会本部（奉天）	不明	—	—	—	—
満洲その他	10	0.6	1	10	10
上海	58.39	3.6	—	—	—

パーセントはタタール人による寄付金の総額に対する各コミュニティの金額の割合。［Şämğuni 1936a; 1936b; 1936c］を基に筆者作成。

費者物価指数・戦前基準）に換算すると約 1843 円となるので、およそ 297 万円ということになる。寄付金のデータはタタール人コミュニティの大まかな経済状況を伝えてくれるので、掘り下げてみよう。

　都市別に見ると、植民地だった朝鮮半島を含む日本からの寄付が 54.6 パーセントであり、中でも神戸は 21.4 パーセントを占めている。朝鮮半島（釜山・京城）からの寄付は口数こそ少ないが、一口当たりの金額が高く、彼らの商業的成功を感じさせる。少数精鋭といったとこだろうか。他方、満洲からの寄付は 41.8 パーセントだった。ハイラルからは極東最多の 496 円が集まった一方、奉天では協会本部からの支出はあったものの（金額不明）、個人的な寄付は見られなかった。このように在満タタール人の間で足並みが揃っていないことも特徴と言えそうだ（表1）。

　個々の寄付者と金額がわかる 130 口 878.61 円と神戸、そして満洲最大のタタール人コミュニティがあったハルビンについて、金額帯別の口数とその合計金額を比較したのが表 2 である。極東全体と比べると、神戸では 2 円未満の少額の寄付の割合が低く、逆に 10 円以上の大口の寄付の口数・金額の割合が高い。ハルビンと比較するとその傾向はよりはっきりする。

　ここで注意したいのは、留学の他にも教科書の印刷・協会本部用の基金・『民

表2　アズハル留学事業寄付金の分布

口数・金額 （円／満洲国円）	2円未満	2〜5円	10円以上
極東全体（内訳判明分）　130口 878.61円	34口 27.61円	67口 241円	29口 610円
在神タタール人　29口 346円	2口 1円	17口 60円	10口 285円
在ハルビン・タタール人　36口 105.5円	6口 6.5円	29口 89円	1口 10円

口数分布				
	極東全体	26.2	51.5	22.3
	神戸	6.9	**58.6**	34.5
	ハルビン	16.7	80.5	2.8

合計金額分布				
	極東全体	3.1	27.4	69.5
	神戸	0.3	17.3	*82.4*
	ハルビン	6.2	84.3	9.5

各分布の数字はパーセント。〔Şämğuni 1936a; 1936b; 1936c〕を基に筆者作成。

族の旗』の維持運営・モスク建設など様々な名目でのタタール人の寄付が『民族の旗』に掲載されていることだ。また、第1章で述べているように1937年7月の日中戦争開戦以降は軍への献金も始まった。このように寄付の機会が多かったことを考えると、一度の寄付で2〜5円、現在の貨幣価値で3700〜9200円を出せる在神タタール人が寄付者の6割近くいたこと（表2の太字部分）、更に高額の寄付者が10名もいて、コミュニティの寄付総額の8割以上を占めたこと（同斜字部分）は、神戸のタタール人コミュニティにそれなりの経済的ゆとりがあったことを感じさせる。

　この背景には、彼らが行商に励み、国際港・神戸を足掛かりとして朝鮮・満洲・天津などとも商業ネットワークを拡大したことがあるが、彼らに国籍が無かったこともプラスに働いた。タタール人が「無国籍人たる彼等の納税の義務なかりし為日本人とは商業的競争に於て大なる特権を」持っていたという当時の日本人側の観察は興味深い。自発的に納税した人もいたようだが、タタール人の、難民という言葉に伴うイメージとは裏腹な一面を見ることができる。

　ただし、留学生派遣の寄付金の差は、日満タタール人での経済格差だけが理由ではない。彼らの関心の程度が違っていたり、そもそも「極東クリルタイ」から1年しか経っていない1936年の時点で協会や『民族の旗』が満洲各地に散らばるタタール人の間に浸透しきれていなかった可能性も考えられる。結局、タタール人の募金だけでは留学費用は足りず、在神インド系ムスリム商人にもほぼ同額の支援をしてもらってようやく留学生派遣が実現した。表1からは在神インド系ムスリムの経済力が強かったことがわかる。神戸モスクの建設も主に彼らの出資のおかげであり、在神タタール人が飛びぬけて富裕だったわけで

はない点にも注意すべきだろう。

3　送別会から留学放棄まで

　こうして子弟のアズハル留学が実現するが、次にそれを主導したメディヤル・シャムグーニーという神戸のタタール人宗教指導者の経歴を見てみよう。1874年に南ウラル地方の主要都市ウファの近郊で生まれたシャムグーニーは地元でイスラム教育を受け、宗教教師やイマームとして活動した。シャムグーニー自身は外国に留学しなかったが、青年時代にオレンブルクの有名な新式教育マドラサで学び、1905年にはメッカ巡礼の機会にアラビア半島・トルコ・エジプトを訪れている。この巡礼の旅は遊学や中東地域の現状視察を兼ねていたのではないだろうか。こうした経験は、ロクヤが紹介した学問的伝統とも関連するものであり、子のアズハル派遣を促す背景の一つであっただろう。ロシア革命後の混乱を避けるため、1919年にシャムグーニーはウファを去り、ハルビン・上海での滞在を経て1928年に神戸へ移住した。

　1935年に神戸モスクが開かれると、中西が第1章で紹介した熊内橋通の礼拝所の時に続いて、シャムグーニーはイマームと付設マクタブ（小学校）の校長・宗教教師を務めた。前述の「極東クリルタイ」では協会宗務部長に選ばれ、満洲国の新学制実施（1938年）では、満洲各地のタタール系小学校でのイスラムの授業を正式科目として引き続き認めさせた。また『民族の旗』にも宗教的祝祭や義務、イスラムの教義などに関する記事を頻繁に寄せている。言い換えれば、彼は神戸だけでなく、『民族の旗』を通じて極東のタタール人コミュニティ全体を宗教的に指導し、信仰の維持に努めたのだ。「極東クリルタイ」でも議論されたように、極東のタタール人コミュニティにとって、イマームや宗教教師の育成はすぐに手を付けるべき課題だった。シャムグーニーが神戸のエジプト領事館に働きかけた結果、タタール人子弟10名のアズハル留学が実現した。

　留学生10名は2グループに分けられ、第1陣（神戸2名、東京・釜山・ハルビン各1名）は1936年7月に、第2陣（ハイラル4名、熊本1名）は1937年1月に汽船で神戸からエジプトへ向けて出航した。2組の出航は日本の新聞でも取り上げられ、それらの記事からは8年間の留学を予定していたことがわかる。留学生は無国籍であったため、「ナンセン・パスポート」を取得しての出国だった。

　留学生の送別会についての記事や彼らの親からの投書では、留学生がアズハルで有益な学問を学び、祖国に戻ったのちに宗教や民族に奉仕する学者・指導

者となることへの期待が示された。例えば、1936 年 12 月 6 日にハイラルで第 2
陣留学生のために開かれた送別会でのハイラル協会会長 Kh・スヒーの挨拶は次
のようなものだった。

　　　皆さん承知のように、極東ではこんにち先生・教師を養成している私た
　　ちの学校はない。かつてカザン・ウファ・オレンブルクといった祖国の大
　　都市に宗教的・民族的高等学校があったので、私たちは先生・教師を養成
　　してきた。しかし不幸にもロシア革命後、祖国は敵である共産主義者に侵
　　略された。そのため、こんにちそこではイマームや教師を養成できなくなっ
　　た。〔共産主義者は〕昔からいたそうした人たちをも様々な嘘の口実によっ
　　て繰り返し殺害・処刑した。アカのロシア人は、黒〔帝政〕のロシア人の
　　ようにありとあらゆる迫害によって、私たちの宗教と民族をこの世から根
　　絶やしにしようとしている。しかし彼らの汚れた願いは私たちにある民族
　　主義・イスラム主義の感情を潰えさせることはできず、私たちはその特性
　　を頼みとして、祖国でボリシェビキが潰え、独立の夜明けの光がさすこと
　　を信じている。（〔　〕は訳注、以下同じ）

　スヒーは続けて、送別会の 11 日前に締結されたばかりの日独防共協定を歓迎
している。宗教学者を欠く現状の不便さもさることながら、両国によってソ連
が倒され、タタール人が従属の状況から解放されれば、宗教的・民族的学者へ
の需要は高まるだろう。留学生の派遣は、世界情勢、そして祖国に帰還できる
かもしれないという希望の出現とも結びついたものだった［Agi 1936］。
　このように、極東では困難な宗教指導者・宗教学者の養成のため、タタール
人子弟がアズハルへ送られた。それは留学の伝統を踏まえたものと言えるだろ
うし、直接的にはコミュニティの当面の需要を満たし、更にその将来を見据え
た事業であった。『民族の旗』からは、コミュニティの人々が留学生に寄せた期
待を読み取ることができる。留学生もそれに応じるかのように、民族の英雄と
なる決意を抱いて神戸からエジプトへ旅立った。
　アズハルでの留学生活は、留学生による『民族の旗』への寄稿から断片的に
しかわからない。第 1 陣のある留学生によれば、自分たちは初等科第 2 学年、
アラビア語を知らない第 2 陣は同第 1 学年からのスタートだった。かつてエジ
プトはオスマン帝国の一部であったため、カイロではテュルク系のオスマン語
が普及しており、アラビア語が未熟でもエジプト人との意思疎通は容易だった

ようだ。また、彼らはトルコ人らとの寮生活や、文化活動・政治集会を通じて
テュルク系の同胞、更には非テュルク系ムスリムと密接な関係を築くとともに、
民族意識を高めていった。

　前述のようにタタール人子弟のアズハル留学は 8 年の予定だったが、約 2 年
後の 1938 年秋までには 10 名全員がアズハルを去ることになった。ハイラル出
身の第 2 陣留学生の 1 人であるアリー・アクシュ（1918 ～ 2011 年）によれば、カ
イロの気候と生活条件に耐えられず留学の継続を断念したところ、イスハキー
の招きにより、当時の彼の本拠であったワルシャワへの移住を決意したという。

　別のタタール人留学生 5 名がイスタンブルに渡航しそうだと気づいたカイロ
の日本公使館は、彼らがトルコに行けばソ連に利用されるのではないかと恐れ
た。むしろ幾らかの学資（極東からの仕送りは途絶えていた）を提供して留学を続け
させ、アズハル卒業後に新疆などでの対ムスリム工作にタタール人留学生を活
用できると見込んでいた。つまり、留学で得られるであろう知識や人脈は、戦
前・戦中期に日本の内外で様々な形で展開されたアジアのムスリムに対するア
プローチ、いわゆる「回教政策」にとっても利用価値があったといえる。実際、
同時期にアズハルに留学した日本人ムスリムの小林哲夫はその後、太平洋戦争
期に海軍嘱託としてインドネシアのスラウェシ島などでムスリムの懐柔・組織
化に従事した。アクシュは自伝の中で、小林がアメとムチで留学放棄を思い留
めさせようとしたと振り返っている［小野 2017：231-234］。

　結果的に、病気で帰国した 3 名を除き（『大阪毎日新聞』神戸版 1938 年 6 月 26 日）、
留学生 7 名はトルコに移住・帰化した。日本側が心配したソ連による政治利用
はなく、イスタンブルに直接向かった 5 人はトルコで軍人となり、後に朝鮮戦
争にも従軍している。しかしこの留学放棄によって、タタール人コミュニティ
が期待した宗教指導者・宗教学者を養成する試みは完全に失敗してしまった。

4　宗教指導者・教師養成の失敗

　追い打ちをかけるように翌年の 1939 年 6 月に、アズハル留学を主導したシャ
ムグーニーが亡くなってしまう。訃報が伝わると、『民族の旗』では追悼記事や
各地のモスクで実施された追悼の礼拝に関するニュースが数号にわたって掲載
され、神戸・名古屋・朝鮮半島・満洲の諸都市、そしてシャムグーニーが来神
以前にコミュニティを指導した上海の読者から 87 点に及ぶお悔やみが寄せられ
た。例えば名古屋のあるタタール人は、シャムグーニーが名古屋モスク（1937 年

開堂、1945年に空襲のため焼失、現在の名古屋モスクとは無関係）の建設に尽力し、モスク付属の学校を毎年視察してくれたことを振り返っているが、シャムグーニーの死が「我々を孤児とさせ」、「宗教的指導者をいなくさせた」と嘆いている。こうしたことから、シャムグーニーがいかに極東のタタール人コミュニティの人々から敬愛され、彼の死が『民族の旗』創刊以来彼らが経験した最大の人的損失の一つであったかがわかるだろう。

　一方でシャムグーニーの死をきっかけに、アズハル留学の放棄によって途絶えた宗教指導者や教師の養成の必要性が再び『民族の旗』で論じられるようになった。ここからは、読者の寄稿を通じて、極東のタタール人コミュニティの間での議論を探ることにしたい。最初に読者に呼びかけたのは、アズハル留学のため、タタール人としては最高額の150円（現在の23万円）を寄付し、神戸協会の会長を務めたこともあるGh・エゲルジェ（1878～1951年）だった。ヴォルガ支流のカマ河の流域にある旧ヴァトカ県エゲルジェ郷（現在のタタールスタン共和国、ロシア語ではアグルィズ）出身である彼は、1890年代にカマ流域の主要都市ペルミで青少年男子向けの木工技術学校を開いたのを皮切りに、各地で職業訓練学校や女子学校を設立した慈善家だった。彼の学校設立運動の結果、オレンブルク宗務評議会（ヴォルガ・ウラル地域のムスリムを統括する宗務機関）管轄下の全ての教区にこうした学校が設立されることになったが、1917年の2月革命により計画は実行されなかったという。革命後の混乱を避けるため、エゲルジェは1919年にウファを去り、神戸にたどり着いた。このように半世紀近くタタール人の教育普及に尽力してきたエゲルジェは、早くも1939年7月にはアズハル留学の失敗を踏まえた上で宗教指導者養成を再開する必要を訴え、シャムグーニー記念基金の設立を提案している。これは、モニル・ハスビッラーというハルビンのタタール人イマームに学生2名のイマーム養成教育を委託することを目的としたものであり、エゲルジェ自身が毎年100円を提供し、読者にも宗教と民族を維持するために基金への参加を呼びかけている。この呼びかけの中でエゲルジェは、以下のように危機感を述べている。

　　こんにちこの問題〔宗教指導者の不在〕でどれほど希望がないにしても、我々の将来はこれ以上に希望がない。なぜなら人の命は神によって定められている。より年老いた我々のイマームたちが毎年減っていくことは、宗教的指導者がいなくなるという人々の恐れを増している［Ägerce 1939］。

　ロシア革命から20年以上が過ぎ、新しい宗教指導者の育成、コミュニティへの供給が困難な状況にあって、死亡（や第三国への移住）によって今いるイマームがいなくなればどうなってしまうのか。エゲルジェは悪化の一途をたどる状況に少しでも抗おうと基金の創設を『民族の旗』読者に訴えたと言えるだろう。

　エゲルジェの呼びかけへの反応も『民族の旗』に見られる。京城のGh・バートゥルシャーは基金に賛成し、毎年25円の寄付をすることを約束した。バートゥルシャーは黄金町（現在のソウル市ウルチロ）で洋服店を営み、『民族の旗』にも頻繁に広告を載せた商人であり、協会と『民族の旗』を支えた典型的な人物と言える。大邱のI・アクチュリンも、25円の寄付と毎月の支援を申し出ている。アクチュリンは在神タタール人の集住地の一つだった上筒井通を本拠とした洋服商であり、大邱は拠点の一つだったのだろう。祖国への帰還を見据えるアクチュリンは、穏やかな生活には学問と技能が必要だが、タタール人にはその準備ができていないと読者に訴えた。その上で、「熟したリンゴが口へと落ちてくる〔棚からぼた餅〕」のを待つのではなく、学問、つまりイスラム教育についてはエジプトから、技能については日本から教師を招き、奉天の協会本部に学校を開設してはどうかと提案している。

　さらに、アフガニスタンにほど近いペシャーワル在住のタタール人宗教学者、Kh・エル＝ボルガーリー（1903〜1975年）も反応した。イマームの養成は、エゲルジェの提案のように、師の前に学生を座らせ「勉強しろ」と言ってどうにかなるものではなく、そもそも子弟を「エジプトに行って勉強して帰ってこい」と送り出すだけでは不十分であるとしてボルガーリーは釘を刺す。これは彼が年長者（コミュニティの幹部や親）たちの希望の押し付けではなく、学生の目線に立って学問の習得を説いている意味で考えさせられるものだ。店田が『日本のモスク』（2015）で述べるように、日本で生まれ育った子どもたちへのイスラム教育やコミュニティの将来を担う次世代の育成は、現在の滞日ムスリム・コミュニティにとっても大きな課題となっている。経済的に余裕のある親が、子どもをドバイやパキスタンに送ることもあるという。ボルガーリーの指摘は現代でも耳を傾ける価値があるのではないだろうか。また、彼はタタール人の間にイマームがいないわけではないと反論する。彼によれば、1年に1、2世帯のタタール人移民が自分の周りにやって来るが、どの家族にもイマームや宗教教師になる適性（学習への意欲や情熱）のある人がいるもので、そうした人々はイエメン・シリア・ペシャーワル・カーブルにいるという。異郷の地で他の民族に奉仕している彼らをリストアップすることこそイマームの養成と表裏一体なのだとボ

ルガーリーは説いている。つまり中東にいるタタール知識人の存在を把握し、彼らを極東に招くべきだと主張したのだ。

　実際、在神タタール人コミュニティは他ならぬボルガーリーその人をシャムグーニーの後任のイマームとして招いたが、西欧の戦況の影響により、来神が叶わなかった。アズハル留学生も利用した欧州航路は 1940 年 10 月までに、インド航路も翌年 7 月までに休止したためだった。ボルガーリーの前半生ははっきりしないが、やはり彼にも 10 年間ブハラに留学した経験があった。1947 年にタタール人コミュニティがあったフィンランドの都市タンペレに移住し、イマーム・教師として精力的に活動した。もしボルガーリーを神戸に呼び寄せることが実現していれば、今やほぼ消滅した在神タタール人コミュニティは残っていただろうし、現在の日本のムスリム・コミュニティのあり方も違ったものになっていたのかもしれない。

　またこの頃、極東のタタール人コミュニティは別の理由による人材流出にも直面していた。それまで無国籍だった彼らの一部がトルコ国籍を取得し、トルコへ移住したのだ。この国籍取得・移住運動は日本側の記録では「転籍問題」と呼ばれている。転籍問題の背景はいくつもあった。子弟のイスラム教育がタタール人側の最大の理由だったが、他にもテュルク系ムスリムとしての親近感や、イスハキーが日本とソ連との間で戦争が起きることを予想し、トルコ国籍の取得を勧めたこと、更に戦争の長期化によって彼らの商業活動が停滞したことも挙げられる。前述のように、無国籍であったタタール人には納税の義務がなく、それが彼らの商業活動を有利にしていた。しかし、日中戦争以降の経済統制により彼らにも納税義務が生じ、無国籍のままでいるメリットは減っていた。また満洲のタタール人の場合、当局によって「白系ロシア人」としてロシア人と同列に扱われることへの不満も大きかった。トルコ側の事情を見ると、トルコは第 2 次世界大戦勃発後も 1945 年 2 月の対独・対日参戦まで中立を維持したが、1940 年 4 月頃より東京の大使館がソ連の情報の収集に力を入れるようになり、このことがタタール人の国籍取得要件の大幅な緩和につながった。タタール商人や協会が持つネットワークと情報に期待する見返りとしてトルコ国籍が彼らに与えられたのだろう。また、農業移民への奨励策も見られることから、中立維持による経済的負担を補う労働力としての期待もかけられていたようだ。しかし対ソ防諜の観点から問題視した満洲当局が圧力を加えた結果、転籍問題は 1941 年 3 月には終わりを迎えた。

　満洲当局の検閲をパスするため、『民族の旗』はトルコ移住を直接的には奨励

していないが、送別会などの記事から確認できるだけでも、1937〜1941年に24世帯62人以上が極東からトルコに移住した。移住者の中には、各地のコミュニティの中心を担い、協会や『民族の旗』の運営に貢献した人々が多かった。また、「トゥタシュ〈お嬢さん〉」とよばれる未婚の若い女性も含まれていた。

こうした主要なトルコ移住者の一人に、ハルビンのコミュニティを6年半指導したKh・ニザメッディンがいた。彼は今後の課題として、日本・朝鮮・満洲・中国での初等学校の確立を挙げ、教師の減少を指摘している。というのも、トゥタシュこそが初等学校を担ったのであり、彼女たちの結婚や第三国移住は教師になる人が減ることを意味していた。そのためニザメッディンは教師養成コースを設置するよう奉天の協会本部に提案し、500満洲国円（現在の約67.8万円）を寄付した。前述のアクチュリンもニザメッディンの寄付に応じ、本部が中等師範学校を設立するなら50円を寄付すると申し出ている。

ニザメッディンの寄付に基づいて、協会教育部は初等学校の教師を養成するための講習会を1940年6月に開講するよう決めた。綏芬河・満洲里・ハイラルなどから（恐らくトゥタシュの）受講の申し込みがあった一方、教育部が講師として依頼した4人のうち3人から断られたため、教育部はこの年の夏の開講を断念することになった。そのことを伝える記事の中で『民族の旗』は、イマームや教師たちが民族的責務に加わらなかったことを批判している。「教育部と本部がやることだから〔自分には無関係だ〕」と傍観し、事業のために寄付をした商人たちの貢献を支援しなければ、「無教師状態の病という困難はいつとも知れず続く」として教師たちの非協力的な態度を責めた。『民族の旗』の基本的なスタンスが、極東のコミュニティの人々の社会的献身や自助努力を称賛し、宗教的・民族的アイデンティティを維持するための「聖業」への参加を呼び掛けるものであったことを考えれば、こうしたコミュニティ内部に対する率直な批判が協会側から出されたことは異例の事態だった。

さてボルガーリーの投書の後も、『民族の旗』では子弟のイスラム教育を巡る議論が続いた。イマーム養成の提案をボルガーリーに批判された神戸のエゲルジェは、アズハルでイマーム・教師としての修練を終えたテュルク系の同胞をアズハルの負担で派遣してもらおうと提案を改め、イマーム養成を棚上げにした。一方、大邱のアクチュリンは、部外者が宗教学者を派遣してくれるとは期待してなかった。彼は、あくまでタタール人コミュニティが自助努力で学校を開設すべきだと読者に訴えた。この学校にイスラム諸国より宗教学者2名を招き、若者世代に宗教教育を施すことによってイマームや教師の育成を目指した

のである。アクチュリンは、宗教的な義務によって得られる金（喜捨や一種の税金）をタタール人が一丸となって集めれば、学校開設も可能であり、これらの金を学校の開設に充てるのはムスリムの義務であるとして、極東のタタール人コミュニティが一致団結して教育問題に取り組むよう、読者の参加を呼び掛けている。

　しかし程なくして、コミュニティの衰退を印象付ける出来事が起きる。シャムグーニーの娘婿で、彼の死後は宗務部長と神戸モスクのイマーム職を代行していた Gh・ムスタファとその一家が 1941 年 2 月にトルコへ移住したのだ。名古屋のタタール人コミュニティが催した送別会の記事によると、参加者たちはイマームと教師が日に日に少なくなっていき、極東でその需要を満たせなくなることへの不安を語り合っていたという。ムスタファの移住により不在となった神戸のイマームには、東京のタタール人が迎えられた。この年の 8 月、第 2 回極東クリルタイが開催され、後任の宗務部長にはハルビンのイマームであったモニルが選ばれた。それ以前に『民族の旗』に寄稿した記事でモニルも、タタール人移民が徐々に宗教学者と断絶していく状況を指摘している。しかしそのモニルも 1944 年に亡くなってしまう。結局極東のタタール人コミュニティがイマーム・教師の減少への根本的な解決策を見つけ出せないうちに、1945 年の春頃『民族の旗』は刊行を終えてしまった。

5　コミュニティの地盤沈下

　この章では『民族の旗』の記事をもとに、アズハル留学派遣事業とその背景、留学の放棄、シャムグーニーの死をきっかけとしたイマーム・教師の養成についての議論を見てきた。結論から言えば、極東のタタール人コミュニティは様々なやり方で宗教指導者・宗教学者・宗教教師を養成しようとしたが、どれも実を結ばなかった。コミュニティはイマームや教師が減少の一途をたどる状況から抜け出せなかったのだ。戦後に在日タタール人がトルコ国籍を取得してからは、多くの人々がトルコやアメリカへ再移住した。在満タタール人の戦後ははっきりしないが、ソ連の対日参戦により殺害されたものや、逮捕され、強制労働キャンプに送られたもの、アメリカへ移住したものなど様々だったようだ。いずれにしても極東のタタール人コミュニティは戦後にはほぼ解体したが、コミュニティの地盤沈下は既に 1940 年代初頭には見られていたことが『民族の旗』から読みとれる。

　極東のタタール人コミュニティがイマームや教師を養成できなかったのには、

様々な理由がある。クルバンガリーが指導した東京のコミュニティでは、回教学校の卒業生向けに中等教育レベルの女子師範科があり、課程を修了したトゥタシュ（46ページ）が回教学校の教師を務めていた。この女子師範科の科目を見る限りアクチュリンが目指した師範学校も同様のものだったろうと考えられるが、神戸などイスハキーを支持する側のタタール人コミュニティが、敵対するクルバンガリー派の施設を利用などできるはずがなかった。また、ボルガーリーを神戸に招くことに失敗したように、第2次世界大戦の影響も見逃せない。

　しかし最大の理由は、極東のタタール人コミュニティがイマームや教師の養成に無関心で、エゲルジェやアクチュリンら一部の熱心な支援者の提案も大した反響を起こさなかったことだろう。第2節で述べたように、極東のタタール人コミュニティは様々な名目で協会に寄付をした。死者3万人以上というトルコ共和国史上最大の被害をもたらしたエルズィンジャン地震（1939年12月）の時には、日本や満洲、華北から多額の義援金が集まり、極東のタタール人全体では7500円（現在の約780万円）を超えている。特に満洲では、アズハル留学の寄付金の時は低調だったハルビンや、その時の寄付にはそもそも参加しなかった奉天や地方都市のコミュニティも多額の義援金を送っている。このように極東のタタール人コミュニティに経済的余裕がなかったわけではないので、同じ時期に『民族の旗』で取り上げられた問題であっても、コミュニティの関心の程度によって結果にも差が出たことになる。

　極東のタタール人コミュニティがイマーム・教師の養成に積極的でなかったことについて、ボルガーリーの投書は的を射た指摘をしている。彼は養成の条件として学生の意欲とともに、人々の熱心な支援をも挙げている。ボルガーリーはかつてのエジプトやブハラへの留学のように、学問のための支出は富裕者の支援によって担われ、留学生が帰国してからも彼らが引き続き支援した伝統を振り返る。そのためタタール人の関心をイマームや学者の養成に向けさせ、養成の準備をする必要があるとして、ボルガーリーはコミュニティに学生への支援を促していた。確かに『民族の旗』にはエゲルジェやアクチュリンのようにコミュニティの将来を心配し、留学失敗後の次善策としてイマーム・教師養成への支援を訴える人もいた。学校設立の基金への呼びかけの中でアクチュリンは、他のことでは寄付金が集まるのに、教育のことになると「金がない」と言い逃れするのはよくない、と人々に支援を呼び掛けている。しかし、彼らの呼びかけはコミュニティの大半の人々の心を動かさず、空回りするだけだった。アズハル留学事業はタタール人の留学の伝統の延長上にあったとはいえ、それ

を可能とした支援者の面では、極東のタタール人コミュニティは伝統通りとは
いかなかったと言えるだろう。

　戦後のトルコ・アメリカへの移住や残留者の高齢化などにより、神戸のタタール
ル人コミュニティはほぼ消滅した。しかしこの章でみてきた『民族の旗』の記
事からは、『民族の旗』を介して極東のタタール人コミュニティを互いに結び付
けたネットワークの広がりを確認することができる。それは日本や満洲だけで
なく、エジプトやインドにまで広がっていた。そしてシャムグーニーやエゲル
ジェがけん引した神戸のタタール人コミュニティは、このネットワークの重要
な結節点としての役割を果たした。2 人は今、神戸の外国人墓地で忘れ去られた
ようにひっそりと眠っている。

主要参考文献.

小野亮介
　　2017　「戦中期における在日・在満タタール人の国際移動——アズハル留学とトルコ
　　　　　転籍問題をめぐって」『地域文化研究』18 号、227-248 頁。

鴨澤巌
　　1982　「在日タタール人についての記録（1）」『法政大学文学部紀要』28 号、27-56 頁。
　　1983　「在日タタール人についての記録（2）」『法政大学文学部紀要』29 号、223-302 頁。

小松久男
　　1983　「ブハラとカザン」護雅夫編『内陸アジア・西アジアの社会と文化』山川出版
　　　　　社、481-500 頁。

店田廣文
　　2015　『日本のモスク——滞日ムスリムの社会的活動』山川出版社。

濱本真美
　　2011　『共生のイスラーム——ロシアの正教徒とムスリム』山川出版社。

松長昭
　　2009　『在日タタール人——歴史に翻弄されたイスラーム教徒たち』東洋書店。

Agi, Xäsän
　　1936　"Mısırğa Kitüçe Şäkertlär Xörmätenä Zıyafät（カイロへ行く学生のための宴会）,"
　　　　　Milli Bayraq [*MB*], San 57〈1936/12/25〉.

Ägerce, Ğıysmätulla
　　1939　"Märkäz Diniä Şöğ'bäse Räise İsämenä Yädkär Fondı（本部宗務部長記念基金）,"
　　　　　MB, San 175〈1939/7/7〉.

Usmanova, Larisa
　　2007　*The Türk-Tatar Diaspora in Northeast Asia: Transformation of Consciousness; A His-*
　　　　　torical and Sociological Account between 1898 and the 1950s, Tokyo: Rakudasha.

その他本文中の参考文献・出典については http://urx.red/X2IX を参照されたい。

［附記］
　本研究は JSPS 科研費研究活動スタート支援（JP17H07174、代表）、同基盤研究 C（JP18K01976、研究分担者）、早稲田大学特定課題（2017S—40、2018B—266）の成果の一部である。

地図 2　　極東のタタール人ネットワーク（Google マップを基に筆者作成）

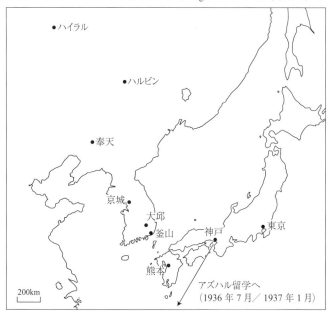

ハイラル
　・アクシュ：アズハル留学→ポーランド→トルコ
　・スヒー：第 2 陣留学生送別会での挨拶
ハルビン
　・タタール系中等学校設立の試み
　・モニル：イマーム、シャムグーニー没後は協会宗務部長
　・ニザメッディン：トルコ移住時に教師養成のために寄付（④）
奉天
　・協会本部

　・『民族の旗』刊行
　・教育部：教師養成講習会の開講に失敗（⑦）
大邱
　・アクチュリン：中等学校の設立と教師の招聘を提案、寄付の呼びかけ（②・⑤・⑧）
釜山
東京
・クルバンガリー：在京コミュニティの整備、イスハキー派と対立
神戸
　・シャムグーニー：イマーム、協会宗務部長、子弟のアズハル留学に尽力
　・エゲルジェ：シャムグーニー記念基金を提案（①モニルにイマーム養成を委託）➡アズハル
　　からの派遣に期待（⑥）
熊本
ペーシャワル（英領インド）
・ボルガーリー：エゲルジェのイマーム養成案を批判、学生への支援を促す（③）

※下線はアズハル留学生10名を送り出した都市、カッコ内の数字はシャムグーニー死去（1939年
　6月）後の流れを示す。

第3章　越境者たちの神戸と「華僑」社会
「反攻」「解放」「独立」を巡るせめぎあい

岡野翔太（葉翔太）

1　台湾認識のねじれ

1　私のライフヒストリーから

　私は神戸に生まれた「神戸っ子」ではあるが、もう一つの故郷がある。それは台湾の台南だ。台南は父が生まれ育った場所である。父は、1979年に留学生として来日し、大阪府内の大学に通いながらも、生活の地として選んだのが神戸であった。神戸には父の来日前より、台湾の親族が多く暮らしていた（図1）。祖父の2人の弟とその家族、そして父の姉夫婦とその家族である。私の祖父「阿公」[注1]は長男であるため台南に残り一族の面倒を見た。

　阿公の二人の弟である「二叔公」と「三叔公」は、戦後まもなくに台南から神戸へとやって来た。二叔公は早々に神戸を離れて埼玉へ行き、そこで娯楽産業を始め、広く事業を展開していたと聞く[注2]。三叔公は神戸に残り真珠会社を経営した[注3]（図2）。そんな彼らは1960年代に台南にいた妻子を呼び寄せた。

　父の姉「大姑」は、1965年に大姑の夫「阿丈」とともに台南より来日した。来日した理由は、先に渡日していた義父の呼び寄せであった。義父とはつまり、阿丈の父「親家公」である。彼もまた家族を台南に残したまま1943年に単身で神戸へと渡り、戦後、真珠会社を立ち上げた。

　私の親族の渡日時期を日台関係に当てはめると、その変化が概観できよう。親家公が神戸にやってきた1943年、台湾はまだ日本統治下にあり、日本は「内地」であった。二叔公と三叔公は戦後、1947年から50年の間の時期に来日したという。1947年から遡ること2年前、1945年8月に日本は敗戦し、植民地を放棄した。それによって日本は連合国軍最高司令官総司令部（GHQ）の占領下に入り、台湾は中華民国に接収された。

　1947年は、台湾で「二・二八事件」が発生した年でもある。事件を簡単に説明しよう。この年の2月28日、ヤミ煙草を売っていた女性が取り締まり中の公

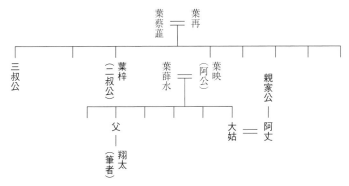

図1　筆者家系図（筆者作成）　太字は日本に渡り生活基盤を築いた者とその子孫

売局職員に殴打された。これを見た民衆が職員に詰め寄り、職員の発砲した銃弾で民衆の一人が死亡した。この事件を機に台湾全土で抗議活動が拡大したため、3月8日、政府側は大陸より部隊を派遣し無差別殺戮を含む徹底的な弾圧を行った。これにより、1万8000人から2万8000人の犠牲者が出たと言われている。当時、台湾は失業者の急増、大量の米が大陸[注4]へと横流しされたことによる食糧危機、加えて大陸から来た一部の官僚による汚職があった。二・二八事件前より台湾人は政府側への不満を蓄積しており、この事件によって国民党、ひいては「中国」そのものへの反感を強める者もいた。叔公たちが台湾を離れたのも、台湾における政治経済的な不安によるものと聞く。

　そして、大姑夫妻の来日した1965年は、日本が「正統な中国政府」として中華民国政府を承認している時代でもあった。その16年前の1949年、国共内戦により大陸では中華人民共和国（以下、人民共和国とする）が成立し、中華民国政府は台湾へと移転した。そして、日本は1952年の主権回復とほぼ同時に、台湾の中華民国政府を承認し、大陸とは国交を持たなかった。それは、1972年の日中国交「正常化」まで続き、その後は人民共和国を承認した。父の来日した1979年では、中華民国は日本から見てすでに「存在しない国」となっていた。

　また、大姑と父が来日した時代、台湾は未だ戒厳令下にあり、1979年1月に台湾の一般国民に海外旅行が開放されるまで、正当な理由なしに海外へ出ることはなかった。その正当な理由の一つが親族訪問や留学である。親家公が神戸にいるため、大姑夫妻は戒厳令下の台湾から日本へやってくることが出来た。このように親族が日台両地に跨っていたことで、戒厳令下であっても台湾にいる親族が日本に来たり、日本にいる者が台湾に戻ったりと、往来を続けていた

図2　神戸華僑真珠倶楽部（1960年代初頭）
左から2番目の人物が筆者の「三叔公」である（孔囊得氏提供）

のである。

2　交錯する台湾認識

　そして私が生まれた1990年、戒厳令の解除から3年が経った台湾は、民主化の動きも本格化するなど変革の途上にあった。この時は父親の来日から年月がまだ浅く、台南の阿公も健在であった。私にとって台湾は、年に数回親と里帰りをするほど身近な故郷であった。そのため、物心がつくと同時に「台湾」という存在を認識し、幼いながら周りに「僕は半分台湾人なんだよ」と言って歩いていた。この「台湾人」というワードは、父の影響から当たり前のように使っていた。やがて小学校にあがってほどなくすると、「台湾人」といえばそれを「訂正」する人と出会うようになる。

　神戸には「神戸中華同文学校[注5]」という120年の歴史を有する小中一貫の外国人学校があり、私はここの卒業生である。中華同文学校は入学式・卒業式などの式典で人民共和国の五星紅旗を掲揚し、授業では大陸で使われる簡体字を用いている。今の台湾を知る者なら、「なぜ台湾ルーツの人が人民共和国系の学校に通うのか」と疑問を持つかもしれない。中華民国系の学校は大阪にもあったが、小学生が通うには家から遠かった。また家ではもっぱら日本語で、そのため台湾に帰っても、台湾語による父親と阿公の会話は全く聞き取れず、いつもポカンとしていた。もちろん中国語も分からない。「このままでは台湾で暮らす親戚とコミュニケーションが取れなくなる」、そう心配した親は、親戚も通っていたこともあり私を中華同文学校へと入学させたのだ。

　実際に入ってみると、ここでは簡体字ということもあり、成長とともに繁体

字を使う台湾との違いを肌で感じることが多くなってきた。また、学校の中国史の授業では中華民国が1949年に滅亡していることも衝撃だった。父のパスポートには間違いなく「中華民国」と記されているのに、いつの間に滅んだのだろうと真剣に悩んでいた。父に聞くと、学校の教科書とは違う歴史を聞かせてくれる。またあるとき、作文で「台湾人」という言葉を用いたことがあった。すると後で呼び出され、先生から「あなたは中国人ですよ」と訂正された。そうした戸惑いが私の台湾への関心を強くさせ、さらに日本の「華僑」と呼ばれる人たちについて研究したいと思うようになった。

3　無意識的に立たされる政治的ポジション

「華僑」の研究を志し、いざ日本で当事者に聞き取りを行うと、私のルーツと、そのルーツに関する語り方によって、相互の緊張を生むことがあった。たとえば聞き取りを行う相手が自分と同じ「台湾ルーツ」であった際、私は嬉々として「私も台湾です」と言っていたことがあった。ところが、何度か相手から「台湾じゃないよ。台湾省です」と言い返される場面にあったことがある。また、同じ「中華民国」だと理解しても、よくよく聞けばその方は大陸にルーツがあり、台湾には一度も住んだことがなかったりした。自分が台湾にルーツを持つがゆえに、「台湾人」と称することだけで、自ずと政治的な立場を強調させてしまう。そうした出会いを日々繰り返していく中で、自分の中の「台湾」はあくまでも限られた経験であり、国やその生きた時代の関係の中で意図的に築き上げられたものだと気づくようになった。

　さて、自らのことを述べてきた理由[注6]は、私が無意識のうちにも政治的なポジションに立たされてきたと思うからである。また、それと向き合い述べなければ、自分の書いたものが人びとから「偏りあるもの」として捉えられかねないからである。さらにこれまでの日本華僑に関する記述を見てきて、もし自らが「華僑」となるならば私の家族の存在は見えてこなくなるのでは、というもどかしさも感じていた。そうした思いが研究のマグマとなっている。

　この観点から「歴史」を振り返ったとき——それは私の「歴史」でもある——、あのとき学校で「中国人」と訂正した先生の多くは、日本で生まれ育っていることに気が付いた。大陸ルーツのほかに、台湾ルーツの人もいた。ただ、注意しなければならないのは自分と同じ日本生まれであっても、時代も異なるがゆえ、台湾や大陸との関わりには差があることである。1950年代から70年代にかけて幼・青年時代を迎えた人ならば、今ほど気軽に親の故郷へ帰れなかった。

また、彼らよりも上の世代の大人たちは、戦後故郷をめぐる地図が書き変わったことで、それに対する不安、そこはかとない反発を感じていたであろう。

あの時の先生たちは、そうした時代を経て大人になった。学校での「台湾」をめぐる議論は、時代に裏打ちされた互いの台湾経験・認識のずれによるものだったといえる。

前置きが長くなったが、人民共和国の建国と中華民国の台湾移転の影響により、日本では1950年代から70年代にかけて、一般的に「華僑」組織と呼ばれる華僑総会や中華学校が、次第に「親人民共和国派」と「親中華民国派」へと旗幟を鮮明にしていく。ここで気になるのは大陸や台湾でもない日本の地で、どのようにして人びとはそれらを支持するに至るのか、という点だ。それには1945年以前の日本において「華僑」として認識されていなかった者——台湾出身者や傀儡政権より派遣された留学生——の関与が見られた点は見逃せない。

一般的に華僑華人研究での「華僑」「華人」の定義は、前者は「中国籍を有する中国系移民およびその子孫」とされ、後者は「現地国籍を有する中国系の子孫」とされている。これは東アジアにおける近代国民国家が生成される過程で登場した概念である［宮原2013：86］。この章では主に1945年から1970年代を扱う。この時期は帝国日本の崩壊から時間的にそう遠くない。さらに「華人」という概念が定着する前にあることから、「帝国」と国民国家体制生成の狭間にある時期といえ、ここでの「華僑」は今日的な意味で理解するべきではない。詳細な議論は別の機会に譲るが、ひとまず「華僑」をラベルの一つと捉える。ここではそうしたラベルは誰がどう貼り貼られるのか、こうしたラベルによって人々は翻弄されたのか或いは何らかの形でそれを利用したのか、を追いかけていく。ただし、組織名として「華僑」が用いられている場合はこの限りでない。

2　戦後の東アジアの再編と「国民国家」からこぼれ出た人びと

1　「中華民国」を様々に捉える力学

1949年以降、「中華民国」は大陸から撤退し台湾とその周辺諸島のみを統治している。民主化以降は「台湾」という名が、国名としての「中華民国」を凌いでその上に出ることも多くなった。

この「中華民国」は1911年10月10日に起きた武昌蜂起を記念し、この日を「国慶日」（双十節）としている。武昌蜂起は辛亥革命の発端となり、その後、1912年1月1日に中華民国が建国された。だが、大陸時期の「中華民国」の全体像は掴

みにくい。それは、中華民国が建国されたとはいえ、軍閥（注7）の存在など内部の対立を抱えたままの船出であったこと。1928年12月に中国国民党の蔣介石が北伐を完了させたことで、党の指導下にある南京国民政府がいちおうは中央政権として機能したこと。しばらくして胡漢民と蔣介石との間で権力闘争が起き、胡が監禁下に置かれると、党内の反蔣派が南京と対抗する「広州国民政府」（1931〜35年）を樹立したこと。そうした中で1931年9月に満洲事変が勃発し、以降、大陸において様々な形の「国民国家」を創造しようとする力学と、日本帝国の「傀儡」として「中華民国」を捉えようとする力学との狭間において、いくつもの「中華民国」や政体が生成されことによる。「傀儡」とは具体的に、「満洲国」（1931〜45年）や汪精衛（兆銘）の「中華民国南京国民政府」（1940〜45年）などである（注8）。

　それを踏まえて視点を大陸の外に向けてみよう。北伐までの間、中国系移民と孫文、それに連なる国民党との関係から、日本を含め中国大陸出身者の多く住む地域では国民党の支部が設置された。1930年には東京・仙台・横浜・神戸・広島・長崎の国民党支部は直属支部となる。ところが、1937年12月に日本軍が南京を陥落させたことで、蔣介石率いる南京国民政府は首都を重慶へ移す（重慶国民政府）。さらに日本が蔣介石と対抗し汪精衛を擁立したことで、国民党支部をめぐる状況は悪化し、日本官憲による弾圧と党員の逮捕が続いて壊滅した。

　日中戦争の拡大で、それまで大陸から日本に来ていた留学生の多くも帰国した。ただ、満洲国や汪精衛政権は留学生を派遣する。ところがまもなくして日本帝国は崩壊し、傀儡政権も解体した。日本はGHQの占領下となり、ここに至り重慶国民政府が「中国（中華民国）」として、留学生を含む在日の大陸・台湾出身者と新たに関係を構築することとなった。

　重慶国民政府は日本に軍事代表団を開設し、陸軍少将の王之を日本に派遣したが、在日の大陸・台湾出身者、そして留学生への対応は後手に回っていた。そのため、留学生たちは果たして留学が継続できるのか、交通も遮断される状況下で帰国できるのか、帰国したとしても大陸での処遇はどうなるのか、日本に残って生活はどうなるのかなど様々な問題を憂慮していた。

　この混乱した世相の中で、大陸からの留学生は1945年12月16日に「中華民国留日学生東京同学会」を立ち上げた。一方、台湾からの留学生も12月1日に東京で「台湾学生連盟」を発足させており、この二つは1946年4月22日に「中華民国留日同学総会」として統合される。このように、かつての傀儡政権からの留学生と、旧植民地の台湾出身者は互いに入り交じり、新たな時代を進んでいく。

2 「華僑」前夜の台湾出身者

　ここで、1945年以前の日本において「華僑」と認識されていなかった台湾出身者が、どのようにして戦後の日本で「華僑」と自称するようになり、またそうした組織に加担するようになったのかを見ていこう[注9]。

　日清戦争のあと、1895年6月の下関条約によって、日本は清朝より台湾を譲り受けた。そして台湾にとって日本は「内地」となり、日本統治期には多くの台湾出身者が「内地」へと渡り勉学や商売に励んでいった。ところが日本が敗戦すると、台湾は中華民国——重慶国民政府に接収される。こうした転換期を迎え、日本に残った台湾出身者は台湾に帰るか、引き続き日本に残るかといった点に加え、そのまま日本に残った者としても国籍の遷移とそれに伴う在留資格の問題に直面することとなった。

　迫り来る種々の困難に立ち向かうべく、戦後すぐ東京・京都・大阪・神戸・福岡など日本各地で台湾出身者による組織が立ち上がった。1945年9月24日には東京の台湾同郷会が『読売報知』に「台湾同胞に告ぐ」と題した広告を出している。東京に次いで台湾出身者の多い神戸でも、同28日に『神戸新聞』を通じて「台湾省民会」の発足が発表され、10月9日に正式に成立した。会長には陳義方が就いた。発会日にも兵庫県下在住の「台湾同胞」へ向けて、加入の申し込みを呼び掛ける広告が掲載され（図3）、以後も続いた。その甲斐あってか、日を追うごとに登録者は増加する。10月24日付の「広告」を見ると、将来的な特別配給の関係から会員名簿を「華僑総会」に提出したい旨が記されていた。この点も、明日の生活が不安な台湾出身者を結集させる呼び水になったといえる。

　特別配給とは、戦後に実行された、日本にいる連合国人及び中立国人、無国籍者に対する食糧の配給制度をいう。戦前より日本に在住する大陸出身者は「連合国民」と見なされた。彼らは各地で「華僑総会」を結成し、関係機関との交渉活動に臨んでいた。ただし台湾出身者は、同年11月1日にGHQが出した「日本占領及び管理のための降伏後における初期の基本的指令」では、「中国人」とみなされながらも連合国の国民と定義されなかった。中華民国政府も在外台湾出身者の中華民国国籍を「回復」したとするのは、1946年6月22日に「在外台僑国籍処理弁法」を制定してからであった。これらの事情により、戦後すぐの時点で台湾出身者は特別配給の対象とならなかった。

　こうした種々の間隙にあった期間に、台湾省民会は興味深い証明書を発行し

図3　台湾省民会創立大会の開催を知らせる広告（『神戸新聞』1945年10月9日）

図4　神戸の台湾省民会が発行した「中華民国台湾省民証」（中華民国留日神戸華僑総会所蔵）

ている。それが1945年11月5日に発給を開始した「中華民国台湾省民証」である（図4）。

　台湾省民会は台湾出身者の帰郷業務も担っていたため、省民証は出自を保証する機能を有した。さらに台湾へ帰郷する者は日本での鉄道乗車が無料であったことから、その分、帰る帰らないか問わず台湾出身者の食糧買い出しも促した。三宮や元町の闇市で台湾出身者が勢力を誇ったことは、省民証の機能と無関係ではない。「連合国民」かどうか明確でない段階で、台湾出身者はいわば「連合国民」なみの利益を受けたのである。要するにこの時期の省民会は、政府・統治機関による様々な法令が下されるよりも前に、断片的に入ってくる情報をその都度利用して、その時点での最適な解を導き出し、舵を切っていたといえよう。

　1946年2月、重慶国民政府は「中華民国駐日代表団」を開設し、団長に商震を派遣した。代表団は主に本国の外交部とGHQとの連絡維持、僑務（在外同胞）関係の事務処理にあたった。関西には代表団「神阪僑務分処」が設けられ、劉増華が処長に就いた。こうして本国による僑務政策は本格化する。

　同年4月には熱海で、各地の華僑総会を網羅する全国組織「留日華僑総会」が結成された。前後して、日本各地では大陸・台湾出身者組織の合併も相次ぎ、「華僑総会」として一本化される。神戸でも同年11月23日に、台湾省民会と「中華民国留日神戸華僑総会」が統合した。以上の経緯も「省民証」の事例を踏ま

えて考えると、台湾出身者は戦後まもなくの日本を生き抜く上で、戦略的に「華僑」というポジションを勝ち取ったといえよう。

　1948 年 3 月時点で日本在住の大陸出身者は 1 万 9715 人で、台湾出身者は 1 万 3433 人であった。両者合わせて 3 万 5000 人以上を数える中、その内のほぼ半分を占める台湾出身者が「華僑」の組織を牽引し、政治面・思想面での先導的な役割を担っていく［陳 2010：190-191］。

3　厳しくなる「国民党」へのまなざし

　重慶国民政府が僑務関連の政策に本腰を入れ始めたのとほぼ同じころ、中国国民党の駐日各支部再建の動きも見られ始めた。一説によると 1946 年 3 月、国民党中央が楊という姓の党務指導員を日本へと派遣し、神戸・横浜・長崎の支部の再建をサポートしたという［陳 1948：20-22］。同年 5 月 5 日付の神戸新聞が、この日の国民党神戸支部「成立」を報じていることから判断するに、神戸支部はこの時に再建されたのであろう。なお、重慶国民政府は同日、南京に遷都した。

　再建まもない神戸支部において、その役員の多くは日本生まれを含む大陸出身者で占められていた。以降、神戸支部は神阪僑務分処と連携して、中華民国留日神戸華僑総会において指導的役割を果たしており、総会の理事・幹事にも神戸支部の幹部が相当数いた［安井 2018：33-37］。神戸のみならず、当時の華僑総会は、特別配給の申請から、僑民登録に係る駐日代表団への各種登記の代理申請の窓口ともなっていた。それゆえ特別配給が終了しても、その自治組織的機能から駐日代表団及び国民党支部との密接な関わりは続いた。

　しかし、国共内戦で共産党が勢いづくと、駐日代表団にも逆風が吹く。これは単なる時流ではなく、その開設以来の各種問題に取り組む姿勢によるところもあった。よく言われるところでは、日本に残った留学生たちへの救済金の捻出と運用に関わる問題がある。本来であれば留学生に宛てるはずの救済金で私腹を肥やしたという噂もあり、留日同学総会と駐日代表団は対立していた。加えて二・二八事件、そして戦後日本における社会主義思想の流行と共産党の働きかけなども相まって、とりわけ台湾出身者と留学生の間で、国民党や駐日代表団にマイナスの印象を持つ者が現れ始めた。

　こうした中で、1948 年 10 月には東京で「華僑民主促進会」(民促) が成立し、共産党に対してシンパシーを抱く者に対しイニシアチブを発揮した。国共内戦の結果、翌年 10 月 1 日に人民共和国が成立すると、民促はその支持を表明した。民促の中核は台湾出身者で、特に楊春松や甘文芳がそれを担った。

　楊春松（1899 ～ 1962 年）は桃園の出身で、台湾共産党（台共）に携わり、農民運動を指揮した。台共は 1928 年に上海で発足し、当初の正式名称は「日本共産党台湾民族支部」という。ただ、日本共産党は治安維持法に基づく共産主義への弾圧にさらされたため、台共党員のなかには中国共産党との連絡を密にする者もいた。楊はこうした背景から日・中の共産党とのパイプを持ち、民促をその外郭団体とさせた。

　甘文芳（1901 ～ 86 年）は彰化に生まれ、台湾総督府台北医学専門学校に通った。1921 年 10 月に蔣渭水が台湾文化協会を立ち上げ、林献堂がそのトップに立った。甘は発会の直前、蔣と共にその初歩的構想を練り、1938 年に来日した（『華僑報』1963 年 3 月 1 日）。林献堂、蔣渭水は植民地台湾での自治を求め、1921 年から台湾議会設置運動を展開したことでも知られる。台湾総督府は、いずれの動きも民族運動を刺激する恐れがあるとして警戒した。

4　縮んだ「日本」と「中華民国」

　1949 年 2 月 2 日、楊春松と甘文芳は神戸の「華僑経済文化協会」（華文協）を訪れ講演を行った。華文協は 1946 年 9 月に台湾省民会によって設立され、機関誌『華僑文化』を刊行する。会長には台湾省民会の陳義方が就いた。

　楊春松らの神戸講演から 2 か月ほどが経った 1949 年 4 月、「華僑新民主協会神戸分会」が結成される。1950 年 4 月、同会は「留日華僑民主促進会神戸分会」と改称した。ここの役員は林火生・林水永・蔡振耀ら 10 人で、うち彼らを含む 6 人が華文協の会員であった［安井 2018：37-38］。ところが同年 6 月に朝鮮戦争が勃発すると、GHQ の指令で報道機関・教育界などから共産主義者が追放された。これは「レッドパージ」といわれ、民促はその影響を被り解散する。ただ、華文協はその後も残り、陳義方や蔡振耀は『華僑文化』で中国共産党政権への期待や台湾独立運動への反対、台湾へと撤退した国民党に対する批判を発表した。ここで、彼らの経歴を確認しておきたい。

　陳義方（1897 ～ 1972 年）は台湾北西部の苗栗苑裡で生まれた。1922 年に前述の台湾文化協会に参加し、1929 年に神戸へと渡る。神戸ではパナマ帽原料輸入商を営み、同業者からなる「台湾帽子連盟会」で幹事を務めた（『要視察人関係雑纂／本邦人ノ部／台湾人関係』所収）。なお、神戸の台湾帽子商には台中の清水や大甲の出身者が多くいた。陳が戦後すぐ、台湾省民会を立ち上げたのは既述の通りである。

　蔡振耀（1903 ～ 80 年）は台南の出身で、台湾議会請願設置運動の中心人物でも

あった楊肇嘉（1892 〜 1976 年）とも親交があった。戦後の民促との関係は既述のとおりである。かくして、楊肇嘉が 1950 年に（中華民国の）台湾省政府の民政庁長に就任した際、蔡は不快感を示す。この思いは「台湾を救う道——『公開信』省府委員楊肇嘉先生に呈す」と題され、自身が編集人を務める『華僑文化』（1950年 2 月 1 日、第 15 号）で次のように発表された。

　　　（前略）私が最初先生に御眼に掛ったのは大正十四年（1925 年）頃神戸で台湾議会請願委員団歓迎会席上で先生もその委員の一人でしたね！　其の後東京在学時代、東京の御邸宅にも御伺ひ致し、先生の鄭重な御招待、そして先生の磊蒂な風格は殊更深い印象を受けました。又「実業」時代には神戸で殆ど毎日の様に一緒でしたから先生の民族愛、国家社会愛の御精神を人一倍に知ることが出来ます。従って今回台湾人民の身体に振りかかって来ようとする災禍を当然最大の御努力でこれを防止するのが先生の天職でなければなりません

　　　然しながら先生は省府委員に任命され却って「禍国殃民の帮凶」とならうとしています。（省略）台湾は平和より外救う道はありません、国府は抗戦を止めて武器を捨てることです、台湾人民を売るか？　台湾人民を救うか？一つに今後の御行動に掛かっています（後略）

　1949 年 5 月、拡大する国共内戦のため、中華民国政府は大陸を範囲としていた戒厳令を台湾でも敷く。台湾撤退後も、戒厳令は維持され、また共産党スパイの粛清を口実に多くの人々が濡れ衣を着せられ不当に逮捕された。これは「白色テロ」と呼ばれている。蔡が「台湾人民の身体に振りかかって来ようとする災禍」と主張する意味は、この台湾の状況にあろう。

　やがて、1953 年から 54 年にかけて華文協のメンバーは、東京華僑総会（東総）主導の中国人受難労働者の遺骨送還、興安丸による大陸・台湾出身者の大陸への送還事業、二・二八追悼会の開催にも積極的に協力するようになる［安井 2018：40、52］。

　彼らの存在からも分かるように、日本統治下の台湾で社会運動に関わったものが、国民党統治下後の台湾には戻らず、日本で人民共和国を支持する組織の中心となった。さらにかつての傀儡政権から派遣された留学生らがこの側面を支えていく。また、1950 年前後には駐日代表団内部でも中華民国政府に反対する者が現れ始めた［陳 2010：203］。そのため、政府は 1950 年 5 月に団長朱世明を

召喚し、代わりに何世礼を派遣した。以後、駐日代表団は留学生ならびに華僑組織における「反国民党／反中華民国政府」の動きに神経を尖らせ、やがて役員改選などを通じ親人民共和国の者を排除するよう働きかけを行っていく。

これに対して東総は早くに人民共和国支持を表明した。それによって、何世礼は1951年8月に東総の解散閉鎖を命じる。代表団と東総の対立は鮮明になり、東総は命令に従わず独自に運営を続ける。以降、東総は地名を冠するものの親人民共和国の組織を全国的に代表する組織となった。独自運営後、東総の会長職は康鳴球・甘文芳・陳焜旺ら台湾出身者で占められる時代が長く続いた。

一方の代表団側は東総とは別に「中華民国留日東京華僑総会」を作り現在に至る。また、全国組織の留日華僑総会は「中華民国留日華僑聯合総会」（現、日本中華聯合総会）と改称され、これも中華民国政府との関係を維持する。

3　移動ルートに敷かれた新たな地図

1　「反攻大陸」の拠点となった台湾

国民党は台湾へと撤退すると、1950年8月から52年10月にかけて、大規模な「改造」を実施して陣営を立て直し、さらには台湾を大陸奪還——「反攻大陸」の拠点と位置付けた。これにより海外にある国民党支部（海外党部）は中央改造委員会第三組の統括下に置かれた。けれども海外党員が無条件に国民党を支持するとは限らない。その多くの海外党員にとって、台湾は国民党の撤退によって初めて結びつく地であり、故郷は大陸にあるからである。

そうした点は党中央も認識していた。したがって党の改造とともに、1951年4月には「中国国民党海外党務実施綱要」を定め、海外党部へのテコ入れを始めた。具体的には、指導員の派遣・久しく改選していない党部での選挙実施・改造委員会の設置・党員の党籍整理などである（『海外党務通訊』1951年5月20日）。この綱要に則し、国民党横浜支部では同年8月に、東京支部では翌年6月改造委員会が発足した（前掲1951年8月31日、1952年7月31日）。

時期を追うごとに、国民党にとって「背信」と映る者が現れないとも限らない様相であった。そこで改造終了後の1953年1月、党中央委員会にて「四十二年〔筆者注：1953年〕度党籍総検査海外実施弁法」が制定された。この第5項では党籍を抹消されるべき海外党員として、「匪に附き従い国に反逆的な言動を行った確たる証拠を有する者」が挙げられた（前掲1953年1月30日）。

国民党は「反攻大陸」を目指し、人民共和国も台湾独立も許さず、それらは

	学校名	創立年	備考
中華民国系	横浜中華学院	1897 年	ここは 1897 年を創立年としている。1952 年に、後の横浜山手中華学校と分裂。1955 年、「横浜中華中学」と改称し、1969 年より現在の校名となる。
	東京中華学校	1929 年	創設時の名称は「東京華僑学校」。
	大阪中華学校	1946 年	創設時の名称は「関西中華国文学校」。
中華人民共和国系	横浜山手中華学校	1898 年	ここは 1898 年としている。1952 年に後の横浜山手中華学校と分裂。1957 年、横浜中華学校山手臨時校舎より現在の校名に改称。
	神戸中華同文学校	1899 年	1972 年の日中国交正常化までは、式典等で中華人民共和国の五星紅旗を掲揚せず。

表1　日本にある中華学校（筆者作成）
日本の中華学校は最も多い時期で 10 校あった。長崎にも 1987 年まで「長崎華僑時中小学」（1905 年創設）があり、同校は 1972 年の日中国交正常化によって五星紅旗を掲げるようになった。なお、この「○○系」とは年月を経て徐々に形成され、現在に至るまで揺れ動きもあった。

「匪」と表現され、「匪」に附き従っていると見た者を「附匪」と呼んだ。これは国民党の歴史観と密接に結びつき、党が台湾へと撤退した中でそう呼ぶに相応しい対象が現れたことを意味する。以降、海外党務は改革を続け、中華民国政府の情報機関である国家安全局とも連携を取りながら、海外での「工作機関」としての機能を強めていく。

　同時に、中華民国政府は華僑学校の「確保」にも奔走する。僑務委員会委員長と国民党第三組組長を兼ねた鄭彦棻は、1952 年 10 月に台北で開催された「全球僑務会議」にて「華僑教育なければ華僑政策も無し」という考えを提示した。次に述べる横浜中華学校の分裂事件は、こうした一連の諸政策が推進される前後に発生した最も象徴的な事件である。

2　日本での「二つの中国」と帝国日本の残照

　現在、日本には東京・横浜・大阪・神戸の 4 か所に計 5 つの中華学校がある。東京と大阪は「中華民国系」とされ、神戸は「人民共和国系」と言われる。そして横浜にはその二つの系統の学校がそれぞれ存在する（表1）。これはどのようにして形成されたのか、次で確認しておこう[注10]。

　1951 年 7 月、国民党が日本に派遣した活動工作員は蒋介石に宛てて、「神戸中華同文学校の校長及び教職員の思想は左傾化し、共産党を宣伝する主張が見られる」「共産党の外郭団体である『華僑民主促進会』には比較的台湾出身者が多い」と報告し、国民党陣営の宣伝強化の必要性を訴えた。

図5　王慶仁校長時期の横浜中華学校の組織図
沈容は学校事件以前より同校で教鞭を執っていた。[王良主編 1995: 786] を基に筆者作成。

　ここから、当時の中華学校と民促では人民共和国支持の機運が高まっていたことがうかがえる。戦後日本各地で再建された中華学校の多くでは、北京語での教育の必要性もあり、旧満洲国などから来た留学生を教師として迎えていた。このような経緯で、とりわけ横浜中華学校は多くの留学生教員を抱えた。よって、駐日代表団は過去の留学生との軋轢、日・中両共産党の関係から同校の左傾化を危惧する。そこで 1952 年 8 月、駐日代表団は新たな校長として王慶仁を派遣し、多くの元留学生の教員は学校を追われた。

　事件後、同校は中華民国系の「横浜中華学院」と人民共和国系の「横浜山手中華学校」(以下、山手中華) に分裂した。前者には台湾から来た新たな教員が着任し、後者には元留学生の教員が多く移った。山手中華を率いたのは烏勒吉 (1922 〜 2008 年) であった。烏は現在の内モンゴル自治区寧城県の出身で、1944 年に来日し盛岡農林専門学校で学んだ人物である。また 1953 年から 63 年にかけて、山手中華では多くの元留学生の教員が大陸へと帰国した。こうした状況下、一時的に北京語を使える教員が減少し、彼らに代わり人民共和国建国後に大陸から引揚げた日本人が教員として重宝された。

　つまり、山手中華の萌芽期を支えたのは帝国日本の名残を背負う人びとであった。そのため、日本がまだ人民共和国と国交を結ばず、結んでも大陸から人が来日し始める 1980 年代までの間、学校で新たに教員を雇う際には、彼らの教え子である学校の卒業生が重用された。山手中華と同様に、最近まで神戸中華同文学校の教職員でも卒業生の占める比率は高かった。

3　満洲から台湾、そして戦後の日本へ
　では、1950 年代に横浜中華学校の教員として台湾より来日したのはどのような人たちなのだろう (図5)。ここで、王慶仁と同時期に来日した喬鐘洲 (総務主任)、張樞 (1959 〜 89 年間に同校校長) を取り上げたい。

　王慶仁（1920 ～ 2004 年）は、現在の黒龍江省明水県で生まれた。1939 年に日満文化協会の奨学金を得て来日し、新潟の高田師範学校で学ぶ。1940 年、国民党への加入を理由に逮捕され、日本から新京（長春）の監獄へと移送されたあと終戦まで過ごした。

　喬鐘洲は現在の遼寧省鉄嶺市の出身で、1939 年に東京にある第一高等学校に入学した。1941 年、国民党の秘密組織に加入したため、翌年 2 月に逮捕された。その後、東京から新京の監獄へと移送された［『諸補給関係雑件 第三巻』所収、韓 2015：279-281］。中華学院の卒業生で、2 人を知る関廣佳氏は、彼らが新京の監獄で知己を得たという話を聞いているという。

　張枢（1921 ～ 92 年）は遼寧省遼陽県に生まれ、またの名を張久権という。満洲国の建国大学在学中に国民党（地下組織）に入党し、1943 年、卒業と同時に西安へ赴き戦時幹部第七団に加入した。1 年の訓練を経て秘密裏に満洲国へと戻り地下工作に従事した。満洲国の崩壊後の 1946 年には遼陽県参議会議長、国民党遼陽省党部委員を務めるも、国共内戦で 1948 年 12 月に台湾へと移った。台湾では教職に就き、1952 年に王慶仁の招きで来日した（『自由新聞』1992 年 11 月 24 日）。

　やがて、東京や大阪の中華学校でも、教員人事の整理と校長の交代が行われ、それも戦前から戦後にかけて中国東北部から台湾、そして日本へと流転した者をもって進められた。彼らが流転してきた地域を書き換えられた後の地図で考えてみると、台湾は日本の植民地から中華民国政府が位置する場所となり、日本は旧植民地を放棄して列島規模に縮んだ。「満洲国」のあった地域も 1949 年以降は人民共和国政府の施政下に置かれた。このように整理してみると、彼らの移動は「帝国日本」の拡張と逆転する構図として捉えることができる。

4　「国境の外」で永く忘却された「内なる」者たち

1　故郷に帰れない者たちのすれ違い

　横浜での王慶仁・喬鐘洲・張枢らの役職は学校のみに留まらず、彼らは国民党横浜支部の委員も務めた（『海外党務通訊』1953 年 12 月 15 日、1960 年 7 月 15 日）。先述のように、「改造」後に国民党支部は海外での「工作機関」としての役目を強めていく。その主な目的は、形成されつつある人民共和国支持派と台湾独立派の両方を牽制することであった。彼らの活動は結果的に、そうした立場に近い人の区分を設定させた。

　1954 年 6 月、主に関東一円に住む山東省・河北省・遼寧省などの出身者から

図6　1970年代頃の国民党神戸支部のメンバー（陳大興氏提供）

なる「北省同郷連合会」にて、理事・監事を選出する会員大会が東京で開かれた。このとき、王慶仁・張枢ら30名も会場を訪れた。彼らはいずれも「北省」出身だが、同会の会員でないために大会は混乱し、会員との間で衝突事件が発生した。東総は同年7月15日付『東京華僑会報』第27号で「台湾特務らの北省攪乱事件」という見出しを付け、張らを名指しで批判している。裏を返せば、戦前まで「華僑」でなかった者が、1952年以降に台湾から来た大陸出身者を、政治的対立の中で「特務」と否定的に呼んでいたのである。

　では、神戸はどうだろう。1951年の国民党工作員による報告のとおり、中華民国政府は中華同文学校の「左傾化」をより問題視していた。そして、校舎の再建が本格化した1956年以降、中華民国駐大阪総領事館は校董会（理事会）に対し、再建に係る費用の捻出と引き換えに校長李万之と教務主任李蔭軒の更迭を求める。傍ら、新たな校長に張枢を充てる改組計画も立てていた。一連の改組計画は校董会・家長会・校友会の反発を呼び成功には至らず、結果的に同校と中華民国政府との間には溝が生じた［許 2009：273］。けれども、中華民国政府は依然として同校を「附匪」から「奪還」することに腐心し、その推進役として期待されたのが、1963年に国民党神戸支部（図6）の秘書として赴任した陸登であった。以降、陸は継続して神戸で暮らす。

　陸登の子息によると、陸登は1920年に現在の黒龍江省ハルビン市の双城区で生まれた。そして、満洲国の時代に留学生として東京と九州で学び、日中戦争が激しさを増すと、日本を出て国民党軍に従軍したという。その後、陸は国共内戦に伴い台湾へ渡り、台湾省政府に奉職した。ただ、戦前の経歴を証明する資料は見つかっていない。

　筆者が台湾省政府の資料を確認したところ、赴任前は省政府秘書処の「視察」

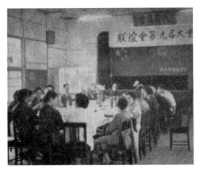

図7　神戸華僑聯誼会会員大会の様子（『大地報』第471号、1965年6月22日）

声明

私は以前神戸の所謂左派、神戸華僑聯誼会の会員および体育委員として参加しておりましたが、非常に後悔しております。民国五十三年春頃以降、一切関係していないことをここに声明致します。これからは中華民国の国民として一生懸命努力して国のために尽すつもりです。

中華民国五十六年五月二十六日

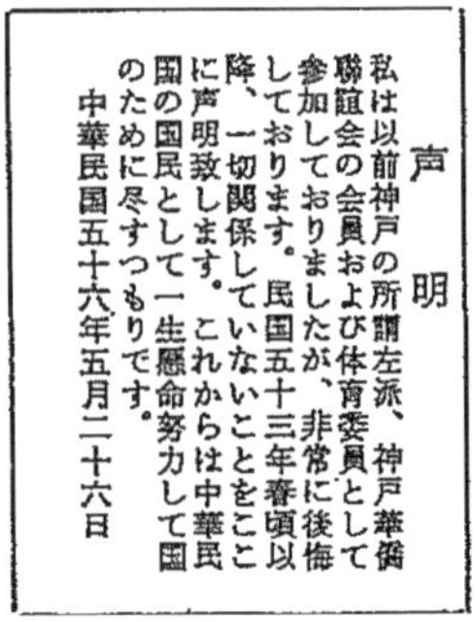

図8　『自由新聞』に掲載された神戸華僑聯誼会脱会の声明（『自由新聞』第313号、1967年6月1日）

を務めていたことが分かった。そして神戸支部への赴任に際しては、当初、省政府に在籍したまま国民党第三組へと出向する形が取られていた［「陸登動態」『台湾省級機関檔案』所収］。当時の国民党支部の役割から、神戸での「台湾独立派」や「人民共和国支持派」と見なされる者たちの動向は、支部を通じ国家安全局や国民党第三組などに報告された。

ここで、「人民共和国支持派」組織として注意されたのが「神戸華僑聯誼会」である（図7）。同会は1957年2月に結成された。創立時の会長は陳義方、副会長は蔡振耀・蔡送来・林水永・陳恒華で、陳恒華を除き台湾出身である。陳義方や蔡振耀の経歴を見て分かるように、郷里を統治する国民党への不満から、彼らは人民共和国への期待を寄せるようになった。その時点において会員数は役員を含め54人で、うち林清木・陳通・石嘉成ら台湾出身者が17人いた（17人のうち10人は華文協のメンバー）［安井2018：48-49］。

「華僑聯誼会」と称する組織は神戸のほか、やがて横浜・京都・長崎でも作られた。大阪など、地域によっては「華僑聯合会」を名乗った。これらは、国民党支部やそれと連携を取る各地の華僑総会と対峙していた。そのため、ここに携わる者は「附匪」と見なされ、台湾出身者であればブラックリストに入れられた。これは台湾への帰国禁止措置で、海外の反体制派への抑圧の一種である。

神戸華僑聯誼会発行の1975年12月5日付『神戸僑務通訊』には、「僑胞は立ち上がって蔣一味『陸登』らを粉砕しよう」と題した文章が掲載された。それは陸が「台湾省僑胞の故郷への往来」に可否の判断を下している、という厳しい意見であった。「附匪」と関わっていた場合、過去の「過ち」を「反省」し、中華民国への忠誠を誓うことで、台湾への帰郷が許された。その「声明文」は、

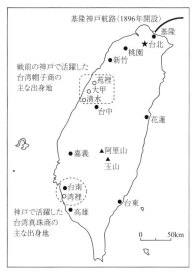

地図 1　台湾地図（筆者作成）

時折『自由新聞』に掲載され、国民党支部に提出されることもあった（図 8）。な
お『自由新聞』は、国民党の海外工作と宣伝強化の取り組みの中で、1954 年に
東京で創刊された新聞である。

　中台間の交流も途絶えていた時代、陸登もまた故郷の大陸を訪れることが出
来なかった。それゆえに、彼のような立場は当時の歴史的コンテクストに立ち
返りながら見ていく必要があろう。

2　「脱帝国」化した日本と「二つの中国」の狭間で

　ここまで「華僑」を中心に見て来たが、次に「華僑」とは一線を画そうと動
いた台湾出身者について述べたい。これを担ったのは特に、二・二八事件後に
台湾を脱出し、「独立」運動を展開した者たちであった。その先駆者が廖文毅で
ある。

　廖文毅（1910 〜 86 年）は二・二八事件の時点で上海にいたが、過去に台湾省行
政長官公署長官の陳儀を批判したことで逮捕の命令が出た。その後、香港を経
て 1950 年 2 月に日本へと密航し、以降日本で台湾独立運動を展開した。そして
1955 年 9 月 1 日、廖は東京で「台湾臨時国民議会」を立ち上げ、翌年 2 月 28 日
には「台湾共和国臨時政府」の樹立を宣言し「大統領」に就任した。臨時政府

図 9　「台湾共和国臨時政府樹立 22 周年レセプション」で挨拶する黄介一
（『台湾民報』第 292 号、1978 年 3 月 15 日）

は 1953 年に東京で創刊された『台湾民報』を陣営の機関紙とし、彼らの動向を
知る資料となっている。

　次に臨時政府は、日本在住の台湾出身者の「団結」を図ろうと「台僑総会」
の設置を模索する。それは、「在日台湾人」は「『華僑』という言葉に内包されて
きた」がゆえ「華僑と明確な一線」を引く、との考えによるものであった（『台
湾民報』1956 年 1 月 28 日）。ただ、これは華僑総会に関わる台湾出身者との対立を
示したものではなかった。むしろそうした者たちへ独立運動の理念を広げ、自
陣営に参加し加勢して貰おうと考えていた（『台湾公論』第 2 号、1959 年 6 月 1 日）。

　やがて臨時政府の活動の場は横浜・名古屋・大阪・神戸へと広がる。神戸は
東京に次ぐ活動の拠点で、その中心を担ったのが黄介一である。黄介一は 1917
年に台北で生まれた（図 9）。二・二八事件が発生すると「密航」で日本に上陸し、
その後、神戸に移り住み自活のため、元町通にて餃子店「かっぱ天国」を開店
した。同時に臨時政府の影響を受け、1959 年には店で台湾公論社を立ち上げ、『台
湾公論』を発行した。1963 年 2 月、公論社は国民議会の党派となり、同年に黄
は「国民議会」議長に就任した（『台湾民報』1963 年 6 月 28 日）。

　ここで注目したいのが、「帝国」を閉じた日本と「二つの中国」の間隙に置か
れた台湾出身者固有の問題に、黄介一と臨時政府が取り組もうとした点である。
公論社を立ち上げた翌年の 1960 年 3 月 20 日、彼は京都の霊山観音で営まれた
台湾戦犯刑死者 26 名の慰霊祭に出席していた［許 2009：209］。台湾戦犯刑死者と
は、太平洋戦争に「日本人」として参戦し、戦争犯罪に問われた台湾出身者を
指す。慰霊祭の施主は戦犯の釈放に尽くした日本人で、「その霊は戦後十五年たっ
ても異国人であるため靖国神社にまつられることもなく、故国の台湾を占領し

ている蔣政権からは敵国人といわれている」ことから、開催を決めたという。

　黄介一はここで追悼文を読み、「滅私の精神を範とし、これを継承して台湾の独立達成に精進致します」と述べている（『台湾公論』第6号、1960年7月）。翌年から慰霊祭は、「大東亜戦争台湾人軍人軍属合同慰霊祭」と銘打たれ、廖文毅が主宰を務めた。おそらくは黄介一が廖に繋いだのだろう。参列者には笹川良一 （注11） などの姿も見られた（前掲第8号、1961年4月）。

　ところが1965年5月、廖文毅は独立運動を放棄して台湾に戻る。これは独立運動家たちに少なからぬ衝撃を与えたものの、合同慰霊祭は黄介一らの手で継続された。特筆すべきは、同年11月には黄龍雄が中心となって、神戸でも「台湾人戦没者合同慰霊祭典」が挙行されたことである。これには黄介一や、廖の「大統領」職を継いだ郭泰成らも出席した（『台湾民報』1965年12月1日）。

　そのため駐大阪総領事館は、これを「独立派」の動きと見て警戒して監視を強めた。中華民国留日神戸華僑総会に対し、「僑胞がこの種の活動に参加させないよう通達せよ」と要請している［「阪（五四）字第三六三九號」『偽台独党活動』所収］。要するに、台湾出身者が慰霊祭に参加すること自体、リスクを負うものであったことが分かる。

　神戸での慰霊祭を主導した黄龍雄は、またの名を黄新興という［「偽台独党本年三月二日神戸集会名単」『偽台独份子在日活動』所収］。1963年には「台湾自由独立党」党員として「国民議会」の議員を務めた。黄龍雄は元日本軍属のようだが、彼らは、戦後に台湾出身者が日本国籍でなくなったことにより、当時、日本政府の定める戦争犠牲者・傷病者援護の対象外となっていた。これは朝鮮半島出身者も同様である。そこで黄龍雄は、1964年に元日本軍属の在日台湾出身者同士で、神戸にて「台湾郷友連合会」を組織し、日本政府に補償金を求める活動を展開した（『台湾民報』1964年12月1日）。

　ほぼ同じころ、黄瑞来という人物も補償を求め、日本で抗議活動を展開していた。彼は1967年11月に神戸の「第三回台湾人戦没者合同慰霊祭」に出席している（『月刊台湾協会報』1967年12月15日）。黄瑞来は1943年2月に軍事動員されて日本兵となり、高雄からビルマへと派遣された。黄は戦地で負傷し、戦後、召集を解除され復員した。このとき、黄は負傷により台湾ではなく日本へ送られ、第三陸軍病院に入院した。退院後は日本に留まる道を選んだ。詳しい成立年は不明だが、後に「日本軍台湾人戦傷者会」を立ち上げ、1962年から64年にかけて中華民国駐日大使館に対し、台湾人元日本兵への補償について日本政府と交渉するよう陳情する。だが、門前払いの日々が続き、ある日、大使館員よ

り「あなたがたは日本軍人だったのだから、日本政府に言いなさい。今、祖国（筆者注：中華民国）は戦時体制下にある。あなたがたは漢奸であって、人としては扱えない」と言い放たれたという。一方で、大使館側は華僑総会を通じて「傷痍軍人会」の会員数や組織の展開状況の把握にも腐心していた［黄 1967：3-5］。

　中華民国政府の駐日大使館や総領事館が連携を取る「華僑総会」は当然、東総とは別のもので、一般的に「中華民国系」「台湾系」などと見なされるものである。そこには故郷との往来の必要性から、「反中華民国」の態度を示さない台湾出身者の方が多く参与していたことは強調しておきたい。したがって、台湾出身者が自らの歴史・経験的事実を語る行為が主体性を持つことの指標となるとすれば、当時の中華民国政府より「附匪」と見なされた台湾出身者がそれを担ったことにも頷ける。

5　記憶と「今」の交差点

　この章では神戸だけでなく東京や横浜なども射程に収め述べてきた。それは、ここで述べたことは決して神戸のみで完結しておらず、他とも連動していることにある。

　1945 年の帝国日本の崩壊を経て、ほどなく大陸と台湾それぞれを統治・対峙する政府が現れた。そして「帝国」を閉じたばかりの日本で、故郷との往来で犠牲を強いられたのは、故郷をめぐる新たな体制に馴染みを持てないと考えた人たちであった。ここで取り上げた①陳義方や蔡振耀、②王慶仁や陸登、③黄介一や黄龍雄はすべて「台湾」を経て来日しているが、それは単一の軌道ではない。

　戦前から日本にいる台湾人は、中華民国統治下の台湾から離れていたため、台湾の帰属に対して共通の構想を持っていなかった。ゆえに二・二八事件を一つのきっかけとして、台湾の帰属について別の可能性を模索する者が現れた。それが①や③の者たちである。②の出身地では満洲事変後、「満洲国」が樹立された。その後、彼らは日本に代わり台湾の統治者となった中華民国とともに台湾へ行くも、ほどなくして「帝国」を閉じてまもない日本に渡る。中華民国が日本にある中華学校や国民党支部との紐帯を維持する上で、彼らが果たした役割は見逃せない。

　このように 1945 年、1949 年、1952 年と時代を経るにつれ、彼らの移動ルート上には新たな「境界線」が敷かれた。1949 年以降の「境界線」は、一方の陣営

の存在を打ち消しつつ、「相手」をその陣営に組み込んだかのように見せかけるという複雑な様相を呈した。そのため、書き換えられた地図通りの状況をそのまま受け入れなかった者が、日本では「華僑」組織の先導者となった、という状況が生まれたのである。そうしたなか、国民党より「附匪」などとラベリングされた者もいれば、このようにラベリングされた者たちも、そのアクターを「特務」と捉えていた。

　「死ぬまでに一度は台湾に帰りたい。この分だと一生生まれ故郷に帰れないかもしれない」。これは神戸華僑聯誼会などに関わったことでブラックリストに入れられた林清木が、子に遺した言葉である。残念ながら、林は故郷に帰ることなく 1965 年にこの世を去った。林の息子、林天民もまた日中間の貿易に携わり、何度も大陸に行ったことがあるため、「台湾には帰れないと観念していた」。故郷との往来すら、当時の情勢の中では政治の力学に回収され、台湾に帰れば「国民党寄り」、大陸に帰れば「共産党寄り」と見なされることもあった。その切実度は日本の要素によっても増していたことは言うまでもない。台湾出身者が政治的な「ラベル」とは無関係に、里帰りが許されるようになったのは 1980 年代も後半に入ってからである。そして 1991 年、林天民は 60 年ぶりに台湾への帰郷を果たす。

　林天民はこの時の手記で「私の場合、幼時以外の台湾を知らない…。誰しも郷里の繁栄を望まない者はいまい。皆の生活が向上し生活面では日本も及ばないほど豊かになっている現実には台湾に対する認識を新たにせざるを得ない…」と綴っている（『兵庫県台湾同郷会会報』第 91 号、1991 年 7 月 10 日）。

　これまではイデオロギー的障害によって台湾と切り離されていた。さらに日本では「台湾」をめぐっては多種多様な立場が互いに作用しあっていた。そうした環境下に身を置いてきたなかで、今から故郷との結びつきを新たにしていく。手記からは、その期待と戸惑いの複雑な反応が同居した様子がうかがえる。日本で「『台湾出身者』である」という意味は時代とともに変わるが、彼らの歴史は時に「華僑」としても語られ、また剥がされる。それは中台関係が固定化し、さらに「台湾」という名が「中華民国」を凌ぐようになった今、来日している者と異なる経験であってしかりである。現代の東アジアに生きる者が、こうした歴史を語り、見ていく際には、たとえ彼らが極めて政治的と見える動きをしていても、それを現在の中国と台湾の関係に囚われることなく、貼られたラベリングには注意しながら辿っていく必要があろう。

「亡国の越境者」の 100 年

注
(1)　葉映（1918 〜 2002 年）、台南・湾裡出身。映は福建から台湾に渡った初代葉欉から数
　　　えて 4 代目となる。なお、「阿公」「叔公」「大姑」などは台湾の閩南語による親族の呼
　　　称で、カタカナでの表記はあくまでも参考である。
(2)　葉梓（1920 〜 1987 年）、台南湾裡出身。黄昭堂（1932 〜 2011 年）の回想録である『建
　　　国舵手黄昭堂』（台湾史料基金会、2012 年、100 頁）には、葉梓との親交が書かれている。
　　　黄は留学中の 1960 年に王育徳と共に、東京で「台湾青年社」を立ち上げた。
(3)　神戸の台湾人真珠商は終戦の頃までは少数であったが、やがて進駐軍向けの販売で利
　　　益をあげるようになると業者が増え始めた。
(4)　「大陸」は、一般的に現在中華人民共和国が統治する大陸部を指すが、これを単に「中
　　　国」と置き換えると、説明が繁雑になる。あくまでも地理的概念で用いることにする。
(5)　1899 年 5 月、梁啓超が神戸を訪問し、学校建設を訴えたことで翌年 9 月に「神戸華僑
　　　同文学校」が開設された。1939 年、現在の校名に改称した。
(6)　自分のルーツと周辺の環境がなければ、ここでの問題意識には気付けなかっただろう。
　　　これには、朴沙羅（『家の歴史を書く』筑摩書房、2018 年）の触発を受けた。
(7)　辛亥革命後、袁世凱とその武将らは北洋軍を背景に軍閥を形成した。袁の死後は各地
　　　の軍閥が離合集散を繰り返し、そうした時代は蒋介石が北方の諸軍閥の打倒を目指す北
　　　伐を完成させるまで続いた。
(8)　このほか王克敏を中心にし北平（北京）で成立した「中華民国臨時政府」（1937 〜 40
　　　年）、梁鴻志を中心に南京で成立した「中華民国維新政府」（1938 〜 40 年）も挙げられる。
(9)　本項は岡野［2018］をもとに加筆修正した。
(10)　本項の一部は岡野［2017ab］に基づいている。
(11)　笹川良一（1899 〜 1995 年）は大阪府出身の政治家・社会奉仕家で、財団法人日本船
　　　舶振興会（現、日本財団）会長のほか、反共の政治団体「国際勝共連合」の名誉会長と
　　　しても知られる。また、旧植民地出身者の戦犯者救済活動にも携わった。

引用・参照文献
未公刊資料
国史館台湾文献館『台湾省級機関档案』
　　　　「陸登動態」（1963 年 5 月 7 日印製）（0041213027608018）
中央研究院近代史研究所『外交部档案』
　　　　「偽台独党本年三月二日神戸集会名単」（1964 年 3 月 6 日）（11-EAP-00687）
　　　　「阪（五四）字第三六三九號」（1965 年 11 月 20 日発文）（11-EAP-00691）
外務省外交史料館
　　　　『諸補給関係雑件　第三巻』
　　　　『要視察人関係雑纂／本邦人ノ部／台湾人関係』

新聞・機関誌・定期刊行物
　　　　『海外党務通訊』（中国国民党中央改造委員会第三組）
　　　　『華僑文化』（華僑経済文化協会）

『月刊台湾協会報』（台湾協会）
『神戸新聞』
『神戸僑務通訊』（神戸華僑聯誼会）
『自由新聞』（自由新聞社）
『台湾民報』（台湾民報社）
『台湾公論』（台湾公論社）
『東京華僑会報』（後に『華僑報』と改題、東京華僑総会）
『兵庫県台湾同郷会会報』（兵庫県台湾同郷会）

主要参考文献
王良
　　1995　『横浜華僑誌』財団法人中華会館。
岡野翔太
　　2017a「戦後日本華僑の『新中国』イメージとそのアイデンティティの可塑性」『現代中国』91 号、87-101 頁。
　　2017b「1950─60 年代日本における親中華民国華僑組織の形成と変容」『華僑華人研究』14 号、23-41 頁。
　　2018　「去殖民化中在日台湾人身份定位的再建構」『台湾史学雑誌』24 期、38-77 頁。
韓立冬
　　2015　『近代日本的中国留学生預備教育』北京：北京語言大学出版社。
許瓊丰
　　2009　「戦後日本における華僑社会の再編過程に関する研究」兵庫県立大学提出博士論文。
黄瑞来
　　1967　「台湾人戦争犠牲者悲憤的呼喚」『台湾青年』77 期、3-7 頁。
陳宇翔
　　1948　「国民党駐日支部的過程和現状」『華文国際』2 巻 4・5 期合刊、20-22 頁。
陳來幸
　　2010　「戦後日本における華僑社会の再建と構造変化」小林道彦・中西寛編『歴史の桎梏を超えて』千倉書房、189-210 頁。
宮原曉
　　2013　「『華僑』『華人』と東アジアの近代」大阪大学中国文化フォーラム編『現代中国に関する 13 の問い』85-108 頁。
安井三吉
　　2018　「神戸華僑聯誼会史綱（1957 ～ 1976）」戦後神戸華僑関係資料を読む会編『戦後神戸華僑史の研究』神戸華僑歴史博物館、27-99 頁。

　その他本文中の参考文献・出典については http://urx.red/UGzt を参照されたい。

第4章 ベトナム難民の「故郷の食」にみる 社会関係と自然利用
地方都市・姫路での暮らしから

瀬戸徐映里奈

1 町工場の風景から

　兵庫県姫路市は、約53万人の人口を抱える地方都市である。筆者は、このまちで子ども時代を過ごした。その頃の記憶を手繰り寄せると、そこには多くの「外国人」たちが登場する。肌の色も性別も様々な人々が町工場を出入りする。その姿は、筆者の脳裏に印象深く刻まれた。かれらはどうしてそこで働いていたのだろうか。

　これまでの各章が述べたように、日本は、植民地支配と戦争による帝国の拡大、そして敗戦後の縮小という大きな動乱を引き起こし、大規模な人の移動を生み出した当事国であった。その帰結として、朝鮮半島や台湾の旧植民地出身者、少数ではあるが出身地での迫害を恐れ日本に身を寄せていた白系ロシア人やユダヤ人などが敗戦後も「在日」状態におかれた。第2章で中西がとりあげた絵葉書（10頁）が示唆するように、75年以上前から日本はすでに多民族社会であったのだ。しかし、敗戦後の日本は、その事実を忘却するように自らを「単一民族」国家であるとみなし、一部の専門職従事者や留学生をのぞいて、海外からの移住者をほとんど受け入れない姿勢をとり続けた［蘭・福本2018：260］。

　ところが、高度経済成長を遂げ、生活水準が向上した1970年代頃から、若年労働力が不足した製造業などの産業に「外国人労働者」が新たに雇い入れられていく。当時は、観光ビザで入国し、そのまま就労する非正規滞在者たちが増加した時期であり、さらに1979年にはベトナム・ラオス・カンボジアからのインドシナ難民の受け入れ、中国残留邦人の「帰国」も始まった[注1]。さらに1990年に入管法が改訂され、日本人の「血」を引くという理由で、日系南米人に就労制限のない定住者の資格が付与された[注2]。2000年代になると、技術指導という国際協力を名目にアジアからの技能研修生（実習生）の受け入れも急増し[注3]、より多様な国籍・民族、渡日背景をもつ人びとが同じ地域社会で生活していく

ことになった。わたしが子ども時代を過ごしていた1980年代後半から2000年代前半は、このような国境を越える人の移動が活発化した時期と重なっている。

　大学で、アジア・アフリカと日本との関係を少しずつ学ぶうちに、これらの地域からの移住者が地元にもたくさん暮らしていることに気づいた。自身が育った町には、どのような人たちがどのような経緯で暮らすことになったのか。そのような疑問に突き動かされ、調査のために地元にもどった筆者は、冒頭で述べた外国人たちが働いていた町工場に聞き取りに行った。すると、工場で最も多く働いていたのは、インドシナ難民として渡日したベトナム人やその呼び寄せ家族で、ほかには、ナイジェリア人（イギリス国籍を含む）、ブラジルまたはペルー国籍をもつ日系南米人、中国からの技能実習生が含まれていたことも明らかになった。2000年代に入ると、ナイジェリア人の多くは、姫路を離れて稼ぎのよい別の町や他国へ移住し、姫路に残っている人はわずかであった。また、あるペルー人は偽装パスポートが発覚し、強制送還されていた。このような入管による摘発はほかの工場でも聞き取ることができ、非正規労働者に対する取り締まりが強化された時期とも重なっている［高谷2019］。さらに、2008年に起こったリーマンショックによって、日系南米人の帰国も相次いだ。小さな町工場を出入りしていた「外国人労働者」たちの来歴をみても、日本、ひいては国際的な社会経済の変容のなかでその存在は、雇用の調整弁のように扱われてきたことがわかる。同市の外国籍（出身）別統計をみても、その傾向は明らかだ（グラフ1参照）。

　しかし、なかには社会の変容にほとんど動じることなく、増加傾向を示す国籍（出身）者がいる。それが前述のベトナム人たちだ。かれらは、難民として受け入れられたゆえに、ビザ更新の不許可に怯えることなく日本で生活することができたのだろうか。難民として出国したゆえに、ベトナム本国への「帰国」が大きな障壁として立ちふさがったのであろうか。そんなベトナム難民たちが日本でどのように生活を再建させ、統一されたベトナムと断絶・接続してきたのかは、今後の日本の難民受け入れを考えるうえで重要な意味をもつだろう。

　その問いにアプローチするために、この章ではあえてその食生活に着目してみたい。というのも、かれらの働く町工場の路地を歩いていると、工場の片隅にゴーヤや多種のウリなどが実っているのを目にしたからだ。無機質な工場のなかに映える野菜の緑は、場違いにも思えたが、その緑は労働の場が生活の場でもあることを筆者に教えてくれた。その野菜は、ベトナム人たちが工場長の許可を得て育てたものだった。野菜を安く調達するためには、栽培できる土地

グラフ1　姫路市の外国籍人口の推移

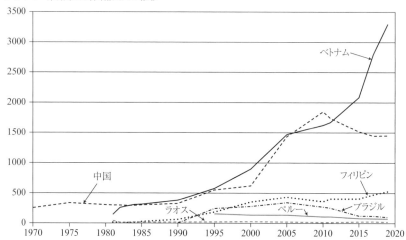

2019年4月現在、外国籍者の人口は11157人、そのうち韓国・朝鮮籍者は4832人、アメリカ国籍者は97人だが、本グラフでは割愛している。2000年代以降にはいって、ベトナム人の新渡日者の割合が急増していることがわかる。姫路市外国籍人員調査表より筆者作成。

が必要だ。その土地を就労先で確保していたわけだ。食べるという一見私的にみえる行為にも、自分の暮らす社会との交渉が伴うことだろう。ならば、ベトナム難民たちが日本で調理し、食べている「故郷の食」から、かれらが日本での生活再建のなかで取り結んできた多様な社会関係を捉えることができるのではないだろうか。そして、なにより食料とは、自然環境との関わりのなかで得られるものだ。このような視点から、この章では「食」という視点から姫路のベトナム難民たちが、ベトナムとは異なる自然と社会環境に対応しながら取り結んできた社会関係を明らかにするとともに、かれらが創造してきた社会空間の一端を描き出していきたい。

2　南北ベトナムの統一と難民の発生

　ベトナム戦争とは、誰が新たな独立国家を担うのかをめぐる戦争であった。社会主義を標榜するベトナム民主共和国（北ベトナム）と、資本主義経済体制のベトナム共和国（南ベトナム）に分断した南北の対立は、冷戦体制下でアメリカやソ連・中国などの介入によって激化したが、最終的に北ベトナムが勝利し、

その主導でベトナム社会主義共和国へ統一された。しかし、南部（旧南ベトナム領）の急速な社会主義化は、人びとの生活に大きな混乱をもたらす。さらに、1978年にベトナム・カンボジア間の紛争が、1979年に中越戦争が勃発し、かつては同盟関係であった社会主義諸国との対立も深まり、統一後も不安定な社会状況が続いた。

　このようにめまぐるしく変容する社会情勢のなかで、海路や陸路から難民としてベトナムを脱出する人々が現れる。迫害対象であった旧南政権の関係者や、資産家であった華人、新たな紛争への徴兵を拒む若者たちが相次いで、ベトナムを脱出した。その総数は約80万人にのぼる。その大多数は、小さな漁船で脱出し、運がよければ漂流中を他国の船舶に発見され、救助された。その後、マレーシアやフィリピン、香港など近隣諸国の難民キャンプに受け入れられ、なかには、沖縄県与那国島沖まで漂流したベトナム船舶もあった。救助後、日本の港でおろされた難民たちは、カトリック教会が運営するNGOカリタスジャパンや日本赤十字社などの民間団体が運営する難民支援施設に受け入れられた。当初、日本政府は救助された難民たちがアメリカやフランスなどの第三国へ受け入れられるまでの一時滞在のみを認めていた。しかし、難民の流出は1970年代末になっても収まらず、同時期に社会主義政権へ移行した隣国ラオス・カンボジアからの難民流出も深刻化していた。このような状況でもインドシナ難民の受け入れに消極的な日本政府の姿勢は、アメリカをはじめとする国際社会から強く非難され、1979年にようやくその定住を認めた。フィリピンや香港などの難民キャンプへ一時的に身を寄せていた難民たちも日本への定住を選択できるようになった。このインドシナ難民受け入れを契機として、日本は国際人権規約、難民条約にも批准し、国民年金への加入や公営住宅の入居などに定められていた国籍条項が撤廃された［田中2013］。

　インドシナ難民の日本への受け入れは、人道的見地によって行われたODP（Orderly Departure Program）による家族呼び寄せも含めて[注4]、2005年まで継続し、最終的に約1万1000人が受け入れられ、そのうちベトナム難民は約8000人を占める。親類を頼ってアメリカやオーストラリアなどの第三国へ移住した人もいるが、そのほとんどが日本で生活を再建させていった。

　この章では、難民として渡日した人びととの総称をベトナム難民とし、あとから呼び寄せられた家族や配偶者などを含む場合はベトナム人と記述する。また、ベトナムでは人口の多数を占めるのはキン族であるが、華人やクメール人などの少数民族も含まれる。また、父母のエスニシティが異なることも珍しいこと

ではない。エスニシティに限定した言及をする場合には、キン族、華人など民族の総称を用いる。

3　姫路市への集住化とベトナム本国との繋がり

　全国で8000人程度しか受け入れられていないベトナム難民であるが、どうして姫路でベトナム人の集住化がすすんだのであろうか。日本政府は、受け入れたインドシナ難民のための支援業務をアジア福祉教育財団難民事業本部（以下、難民事業本部）に委託する。委託された難民事業本部は、難民たちの衣食住を確保し、日本語や就労斡旋支援を行う定住促進センター（以下、センター）のひとつを1979年12月に兵庫県姫路市に設置した[注5]。姫路の設置場所は、市街から離れた仁豊野町にあるカトリック教会の敷地内だった。そこには、同年7月から、すでにカトリック教会が難民のための一時滞在施設を設営しており、センターの設置場所を探していた難民事業本部は、その施設に便乗する形で同敷地内にセンターを建設した。センターは1996年3月まで運営され、ベトナム・ラオスからの難民が受け入れられた。ベトナム難民の就労した業種は、高度な日本語でのコミュニケーションを必要とせず、また若年労働力の不足に悩んでいた製造業が多かった。また、その斡旋先も、関西・関東を中心に日本各地に分散していたが、知人・友人のネットワークを頼って、次第により住みやすい地域へ集住化が進む。国からの家族や配偶者の呼び寄せに加え、日本で次世代の子どもたちが生まれ、その人口は徐々に増加していった。姫路市の場合、定住促進センターが設置されていたことに加え、かれらが就労可能な零細工場と、その通勤圏内に公営住宅や社宅などが集積していたことが集住化の好条件となった。旋盤などの鉄鋼分野や精肉工場など就労業種は多岐にわたるが、特に地場産業でもある皮革工場への就労経験者が珍しくない。ところが、2000年代からの不況と廉価な海外製品の輸入の増加によって倒産する皮革工場が多く、ベトナム人の就労先も郊外のライン工場等へ変化している。しかし、その居住地域には大きな変化はみられていない。工場集積地の近くに安価な分譲住宅が増えており、生活の安定や公営住宅の建て替えに伴い戸建ての家へ引っ越すベトナム人世帯が増加している。

4　亡国の越境者としてのベトナム難民——断絶と往還

　ここでは、「食」に現れる社会関係について考える前に、ある3人のライフヒストリーから亡国状態におかれた人びとの経験と、戦後新たに樹立したベトナム社会主義共和国への眼差しやその距離感についてみておきたい。

　難民として流出したベトナム人たちは、新政府から不法出国者・反革命分子とみなされた。ゆえに、ベトナム国籍を失い、長らくその帰国も許されなかった。ところが、1986年に市場経済を導入するドイモイ政策へ転換されると、入国を禁止されていたベトナム難民の一時帰国が許可された。許可直後は帰国の安全を訝しむ人も多かったが、1990年代には先の帰国者から安全が証明され、一時帰国は活発化していった［古屋2009：170］。

　しかし、一時帰国が可能になったとしても、難民化によって喪失したベトナム国籍が回復したわけではない。一方、受入先の日本は国籍取得の要件が厳しく、そもそも希望しない人も多い。また、次世代が日本で生まれた場合、出生児の国籍取得に血統主義を採用しているため、両親の無国籍状態が継承される[注6]。2008年に在外ベトナム人のベトナム国籍取得が可能となり［遠藤2009］、難民として出国した人たちのなかにベトナム国籍を新たに取得し、起業や親の介護のためにベトナムへ「帰国」する人も現れている。このような変化をみると、ベトナム難民たちは難民状態から脱したといえるかもしれない。しかし、ベトナム国籍を取得できたとしても、在外ベトナム人に関する法律は流動的で、他の在外ベトナム人と同じ権利を得ているとは言い難いのが現状である。難民と本国社会の関係は、人それぞれの立場や思想によって異なるし、同じ個人でも情勢によって変更を迫られるものである。

　以下でとりあげる3人は、ベトナムとの往来が可能になった2020年現在においても、ベトナムに「帰国」することをできるだけ避けてきた。一方で、かれらは日本国籍を取得しようともしていない。

　そのような3人の語りから「亡国の越境者」として生きてきた人びとがどのようにベトナム本国との断絶や再接続を経てきたのかをみていこう。

1　クアン（仮名・1945年生まれ・男性）

　クアンは、仏領インドシナ連邦下のカンボジアで生まれた。父がカンボジアでベトナム人官吏として働いており、1954年に仏領インドシナ連邦が崩壊した

ことをきっかけに、南ベトナムのサイゴンに戻った。高校卒業後、海軍士官学校に進学し、その後は南ベトナム海軍軍属として働いた。

　1975 年 4 月 30 日に南ベトナム政府が倒れると、クアンは再教育キャンプへ収容されてしまう。再教育キャンプは、共産主義に反対する人びとの教育目的で設置されたが、実態は強制収容所であった。収容中は、わずかな食料しか与えられず、心身ともに疲弊していった。数年後に、クアンは再教育キャンプを出所するが、新たな生活を始めようにも、経済状況は厳しく、南ベトナム軍属であった者に安定した仕事を得られる見込みはなかった。

　そこで、1981 年に自ら船を準備し、妻と幼い娘、末の妹を連れて出国した。家族以外にも、希望者を募り、総勢 30 人の脱出となった。海洋を漂流中、大型船舶に救助され、フィリピンの難民キャンプを経て日本に定住することになった。姫路定住促進センターへ受け入れられ、そこで、日本語を 3 ヶ月ほど学んだあと、製造業へ就職した。海軍でプログラミング言語を学んだ経験を活かして、工場では重要な部署を担当していた。しかし、会社が倒産してしまい、その後は毛布製造の工場などで働いた。定年後は小中学校でベトナム人生徒の学習支援のための通訳サポーターとして働いている。

　クアンはこれまで一度もベトナム本国へ帰国していない。故郷には妹や弟たちが残っているが、手紙や電話で連絡を取り合っている程度である。一方、海軍時代の友人が多く移住したアメリカには数年に一度通っている。普段からアメリカ在住のベトナム人の友人たちと連絡を取り合っており、ベトナム本国の情報も彼らから得ている。「いつか共産主義政権は倒れる。それまで、自分はベトナムには帰らない」と強く誓い、そのときが来るまでベトナムの土を踏むつもりはないようだ。

2　ロン（仮名・1949 年生まれ・男性）

　ロンは、ニンビン省のカトリック家庭で生まれた。父はフランスの現地軍で働いていたが、1954 年にフランス軍が敗北し、ベトナムが南北に分断されると、カトリックを弾圧するベトナム共産党を恐れて、南ベトナムの首都サイゴンへ移住した。

　大学卒業後は、南ベトナムの農業省に就職し、ダラット地方の植林など森の管理に従事した。1975 年にサイゴンが陥落すると、同僚や友人は相次いでベトナムを出国した。しかしロンは、当初は戦争終結を喜び、新しい平和な時代がくると喜んだ。新しい政府では、学校で美術や英語の教師になれるのではない

かと希望を抱いた。ロンがそう思えたのは、出会った北ベトナムの人々の真摯な人柄に触れたからだ。

　しかし、新たな社会体制への整備が進むと、ロンは南ベトナム政府の役人であったことから、クアンと同様に北中部の再教育キャンプへ送られることになる。6年9ヶ月をそこで過ごした頃、ついに病気で倒れ、サイゴンの自宅に戻った。サイゴンで療養中も、軟禁状態におかれた。そうした状態が2ヶ月ほど続いていたある日、かつての同級生で、新政府下では共産党員として働いていた友人が訪ねてきた。ロンの将来を危惧した友人は、ベトナムを脱出する手はずを整えてくれた。友人の手引きでベトナムを脱出する船に乗りこむと、その船には、総勢130人が乗っていた。船は5日ほど漂流し、日本へ向かっていた大型船舶に助けられ、長崎の港でおろされ、最終的に姫路定住促進センターへ受け入れられた。日本へ受け入れられたあとに出会ったベトナム人女性と結婚し、センターからの紹介で彼女とともに広島県のランドリー工場に就職した。しかし、そこは交通が不便なところで、近隣に住むベトナム人もおらず、頼れる人も職場の雇用主しかいない。生まれた子どもにとってよりよい教育環境を求めて、再びベトナム人が多く住む姫路へ移住することにした。

　ベトナムの父母はすでに亡くなり、他のきょうだいも一番上の姉をベトナムに残して、アメリカやフランスに移住している。父母が亡くなったときと、その墓参りに訪問した以外は、ベトナムに足を運んでいない。生活費を仕送りしていた父母が亡くなり、兄弟たちもそれぞれ独立している。帰国について尋ねると、ロンは、「共産党の一党独裁体制であるうちは帰れない」と述べ、積極的な渡航を避けているようだった。

3　オアン（仮名・1971年生・女性）

　オアンは、ビエンホアのカトリック教徒の家に生まれた。父母の故郷は、ベトナム北部のフンイエンだ。1954年の南北分断に伴い、村人とともにビエンホアへ移住した。ベトナム戦争の開戦後、オアンの父は南ベトナム軍の士官として働いた。戦争が終結すると、オアンの父も再教育キャンプへ送られた。その3年後、厳しい生活がたたったのか再教育キャンプで父は亡くなった。高校までは卒業することはできたが、南ベトナム軍属だった父をもつオアンに大学進学の選択肢はなく、良い仕事につく希望もなかった。しばらくは、母とともにカフェや雑貨店を営んでいたが、母の希望もあって1989年にベトナムからの出国を決意した。この時期は、各国が難民の受け入れを終了しはじめた時期であ

り、最後の脱出のチャンスを逃すまいと出国者が増加した時期でもあった［五島1994］。

オアンは、歳の近い兄と妹とともに総勢100人程度で一艘の船に乗り込みベトナムを脱出した。4、5日間漂流し、アメリカの船舶に救助され、日本の港におろされた。最終的に東京の品川国際救援センターへ受け入れられ、日本語などを3ヶ月程度学んだあと、センターの紹介で横浜の自動車工場で就職する。数年後、知人の紹介で姫路に住んでいた現在の夫と出会い、結婚を機に姫路へ引っ越した。その後ODPを利用して、ベトナムに残った母を姫路の自宅へ呼び寄せた。母はしばらくベトナムとオアンや兄の家を往復していたが、高齢となり、現在は生活の拠点をベトナムに戻している。ベトナムの方が、世話をしてくれる人も多いからだ。しかし、母が日越の往来を繰り返す一方で、オアン自身は脱出してから一度もベトナムに足を運んだことはなかった。

帰国を避けていたオアンだが、2020年3月に筆者が再度訪問すると、2019年3月に3日間だけベトナムへ帰国していたことがわかった。母と妹の夫の体調が悪化したため、見舞いにいったというのだ。まさに、難民として出国してから30年ぶりの帰郷だった。しかし、オアンはそこで故郷の変化を目の当たりにする。

迎えに来た兄の車から眺めたベトナムの景色は様変わりしていた。空気は汚く、道路に降った雨水が溜まっている。ビエンホアにはかつて米軍基地があり、道路は綺麗に整備されていた。当時に比べて道路は劣化したように思えた。故郷の町も、家が密集、乱立しており、路地も整備されていない。通っていた教会も木が生い茂って、なにやら暗い雰囲気が漂っていた。母親や兄弟に会えたことは嬉しかったが、友人たちもみな海外で暮らしている。自分の知る故郷はもうそこにはなく、オアンはたちまち日本に帰りたいと思った。ベトナムに残った兄弟やその家族は大事だが、もう自分の知っているベトナムも故郷もないことを追認した初の帰国となった。

3人の共通点は、1954年の南北分断によって、父母や自身の育った土地との切り離しを経験していることである。難民化した人々のなかには、このような経歴をもった人が一定層含まれており、分断や戦争、南北統一といった社会の変動がそこに生きる人々の生活を絶えず脅かしていたことがわかる。クアンとロンにとって、南ベトナムとは、青年時代を過ごした国であり、オアンにとっては、戦争中であっても父母のもとで豊かな生活をおくることができた国であった。統一後に自身や家族に対する弾圧や、思い描いていた将来の展望を奪われ

たことによって、統一したベトナム社会主義共和国への帰属意識を育むことはできず、失われた南ベトナムへの帰属意識が強化・継続された。

　また、それぞれの語りには、北ベトナムに対する強い批判が浮かび上がる。この批判の是非を問うことは、この章の目的ではない。しかし、これらの批判を表面的に受け止めるだけでは、難民が生まれた背景や難民と国家との関係を捉えきることはできない。統一後まもなく勃発したベトナム・カンボジア間の紛争と中越戦争、さらに西側諸国からの経済制裁によって、ベトナムは1990年頃まで政治的・経済的に困難な状況が継続していた。それゆえに、新政権は国内の政治状況の安定化に物心両面で注力することができず、旧南ベトナム政権関係者への対応も強硬的になった。その結果、クアンたちのように多くの人々の貴重な人生の時間を奪い、優秀な人材を海外へ流出させることになった。その苦衷は、ロンの脱出を助けた共産党員の存在からもわかるように、当時の社会全体に広く認知されていた。留意するべきことは、植民地支配や占領、そこからの独立戦争が冷戦構造へ組み込まれたことで、現代に至るまでベトナムにつながる人々に禍根を残し続けている事実である。

　失われた南ベトナムへの向けられる思いの根源にあるのは、かつて所属していた国家や社会に対する愛着や「義理」のような感情である。その思いは、難民として脱出し、日本で再建してきた生活のなかでも維持されている。現在のベトナムを否定し、かつての南ベトナムを肯定することは、異国で難民として生きる自身の正当性を証明する拠り所でもあるのだろう。しかし、帰属意識をもたない現在のベトナムに対して、複雑な感情を抱えながらも、故郷に残った家族がいるために、まったく自身にとって無関係なものとしてみなすこともできない。

　ベトナム本国と難民の障壁は、本国の制度面の差別とひとびとの精神面の断絶の相互に補完しあい、受け入れ国の状況も重なって、亡国の越境者としての生は続いていく。南北の統一は、制度的には完成したかもしれないが、内外のベトナム人にとっても進行中の解決すべき社会的課題といえるだろう。

5　食の調達実践からみるベトナム人の自然利用

1　移住者にとっての食——エスニック・ビジネスの内外で

　新しい土地で生活を営むには、どう生計をたて、次世代を育み、移住先の社会のひとびとと共在していくのかが課題となる。そのような異国の暮らしのな

かで、自身の文化に基づいた生活習慣を継続することも、身体と精神を安定させるためには肝要だ。移民国家アメリカの食文化の形成と発展について研究してきた歴史家ガバッチアによれば、人間の食習慣には「食べ慣れたものを食べたい気持ちと、他方では珍しくて創意工夫が施されていて、バラエティに富んだものを食べることに喜びを感じる気持ちがある」という［Gabaccia 1998: 6］。移住者が持ち込んだ多様な食文化は、移住先の自然生態環境、その社会で主流とされている食文化や、流通システムのもとで変容しながら、現地の料理と互いに影響を与えあい、新たな食文化を生み出してきた。しかし、そもそも個人や世帯が、故郷の料理を食べるためには、その経済状況によって必要な食材の調達手段を新たに見出す必要がある。その調達先としてまず考えられるのは、食材店やレストランだろう。しかし、調達の難しい食材は、類似したモノで代替したり、採集や栽培、飼育で調達するしかない。近代化や都市化のなかで、栽培や飼育などの生業が多くのひとびとの生活から遠ざかって久しい。それでも自宅の庭や植木鉢、公園や河川敷など都市生活において土との関わりがまったく失われたわけではない。時には、こうした場所を活用して食材調達がおこなわれることもあるだろう。

2 食の調達にみる社会関係とその変遷

　ベトナム難民たちは「食べ慣れたものを食べたい」という気持ちを渡日当初から強くもっていたわけではなかった。渡日して間もない頃は、近くのスーパーで食材を購入し、塩や醤油で味付けした野菜炒めやインスタント食品を食べることも多かった。姫路のベトナム難民がどのような社会関係を活かして必要な食材調達を行ってきたのかを、前述の 3 人を含む 10 世帯への聞き取り調査［瀬戸徐 2017］から述べたい。

　ただ、ここでとりあげる食材は、ベトナムの食文化のほんの一端にすぎない。東シナ海に面して南北に長いベトナムは、各地に多様な食文化が形成されてきた。その多様で豊潤な食文化のすべてを一括りにすることはできないし、網羅的に取り上げることも難しい。前述の 3 人の語りからもわかるように、戦争や分断によって移動を経験しており、出身地のみでその食文化を捉えることもできない。

　日本でエスニック・フードが本格的に定着するのは 1990 年代［施山 2013：44］であるが、インドシナ難民の場合はそれ以前に定住が始まっており、「故郷の食」に必要な食材を調達することは難しかった。1990 年代に入っても、地方都市の

姫路では、エスニック・ビジネス発達は大都市に比べて遅れていた。ベトナムへの一時帰国が活発化するのは、1990 年代に入ってからで、一般的な移民のように本国から必要な物資を入手することができず、エスニック・ビジネスの未発達という生活環境のなかで、かれらの食材調達はどのような展開をみせていったのだろうか。

3　購入・飼育・採集

　定住初期から調達が容易だったのは、長期保存ができる米粉麺などの乾燥食材、調味料の魚醬、スパイス類である。ベトナムの主食はコメで、米粉にタピオカ粉などを混ぜ、ライスペーパー、フォーやブンなどの各種の米粉麺にも加工される。現地では生麺が一般的だが、日本にはほとんど流通していない。また、味の決め手となる調味料にはヌクマムと呼ばれる魚醬、エビの塩辛に似たマムトムなどの海鮮物を使った調味料が欠かせない。また、スパイスでは、代表的なものとして中華料理でもよく用いられる八角があげられる。

　これらの食材の主な調達先は、神戸市の中華街・南京町だった。中国、とくに南部の食文化には類似点があり、食材店には魚醬や米粉が扱われていた。難民として渡日した人のなかには華人が含まれており、かれらはベトナムの多数を占めるキン族とは異なる独自のネットワークを形成している。第 3 章でとりあげられた兵庫県台湾同郷会も、1980 年に姫路定住促進センターへ支援物資を提供しており、神戸の華僑とベトナムの華人たちの間になんらかの繋がりがあったと推察される。なお、詳細は割愛するが、定住促進センターには、日本軍のインドシナ占領下に渡越し、ベトナム戦争を経験して難民として出国した台湾出身者もいた［兵庫県台湾同郷会文化部 1981］。この華人ネットワークを活用して、南京町やその周辺に居住している華僑たちと関わりをもつ人びとも現れた。かれらは、南京町に他のベトナム人たちをつなぐ役割をも果たし、南京町の存在はベトナム人に広く知れ渡っていった[注7]。だが、姫路と南京町は電車で往復約2000 円かかる。食材を大量に買えば、荷物を運ぶのも一苦労だ。そのため、1台の車に乗り合い、月に 1、2 回ほど買い出しに出かけるようになった。日本での生活が長くなると、自動車運転免許証を取得する人も増えているが[注8]、1980年代、90 年代はまだ渡日して日が浅く、運転できる人はわずかだった。ガソリン代の節約も兼ねて、自動車を所持している人を頼って乗り合いで買い出しにでかけることもよく行われた。クアンは、仕事で神戸に行く際に、南京町にあえて立ち寄ることがあったと話してくれた。食材を購入するという目的だが、

香辛料の香りが漂い、アヒル肉、焼き豚が並ぶ南京町はどこかベトナムを思い
だっさせ、懐かしく気晴らしになる場所だからだ。

　姫路とほぼ同時期に神戸にも、町工場が集積した場所にベトナム難民やその
家族が移り住むようになる。長田地域は、戦前から奄美の徳之島出身者や朝鮮
人が多く暮らす地域でもあった。奄美・朝鮮・ベトナムには、豚足やモツ、耳
などの部位を食べる文化がある。その食文化は、人びとの移住とともに神戸に
持ち込まれた。そして、長田には 1963 年から徳之島出身者が経営する精肉店が
ある。長田の複層的な移住者の生活史を明らかにした川越によれば、この精肉
店は徳之島出身者のみでなく在日朝鮮人も通い、さらに 1980 年代になるとベト
ナム人たちも買いにくるようになったという。この「豚の文化圏」内の人びと
を徳之島出身者が経営する精肉店がつないでいたのだ［川越 2010：122］。姫路の
ベトナム人にもこの存在が伝わっていったことが聞き取りからわかった。

　しかし、この店は、姫路のベトナム人が仕事帰りなどに気軽に利用するには
遠すぎる。そのため、必要な部位の調達は、姫路市内の食肉加工センターに働
くベトナム人を通して購入されることが多かった。食肉加工センターには、数
人のベトナム人が就労していた。自らの手で豚を屠畜することに慣れていたベ
トナム難民たちは、日本人の新人に比べると手際がよく、即戦力として喜ばれ
たという(注9)。この人達のなかに、会社の許可を得て、一般のスーパーでは購入
できないような部位を安く購入し、自分の家族や友人に譲る人も現れる。それ
がまた口コミで広がっていった。

　少数ではあるが、以下のような食材調達の例もある。ひとつは養鶏場への買
い付けだ。ブロイラーの鶏肉は肉質が柔らかく、味も薄いという不満をインタ
ビューでよく耳にする。歯ごたえのある地鶏をもとめ、養鶏場へ直接買い付け
が始まった。また、ベトナムでは孵化前の卵を茹でて食べるホッガロンという
料理がある。アヒルの卵を用いるのが一般的だが、日本ではニワトリの卵で代
用される。この料理のために、有精卵を養鶏場から直接購入する人もいた。し
かし、2004 年の鳥インフルエンザが発生し、それ以降は直接購入することはで
きなくなってしまった。一方で、戸建ての家をもつ人のなかには、ホームセン
ターでニワトリの雛を購入し、自宅で育てる人も現れる。飼育の目的は、食用
というよりも愛玩の意味合いが強いが、年老いたニワトリは絞めて食べること
もあるようだ。

　ほかにも、ベトナム中部地方でよく食べられるイノシシやシカを入手してい
る人もいた。鳥獣害はいまや全国的な社会問題となっており、姫路市やその周

辺地域も同様である。地域住民のなかに自身の趣味も兼ねて狩猟免許をとり、狩猟シーズンは本業の合間に猟にでかけるひとがいる。これらの猟師から直接譲り受けたり、買ったりするのが一般的なシシ肉の入手方法だ。ベトナム人たちが職場で出会う上司や同僚のなかに、猟師や猟師の知り合いがいることは想像しうる。その連絡先を入手したベトナム人たちは、直接猟師からシシ肉やシカ肉を購入し、食事会などで振る舞った。オアンは、食材店のメニューとしてイノシシやシカの肉の料理を用意したこともあった。県外に遊びにいった帰りにふと寄った店がイノシシやシカを扱っていた。店主は猟師で、猟期になると捕まえたイノシシやシカをさばいて販売していたのだ。イノシシやシカ肉を好むのは、ベトナムでは中部高原や北部の人だ。知人にも北部出身者がおり、オアンは彼らが喜ぶのではないかと思い、時折その猟師から仕入れるようになったという。

　では、魚介類はどうだろうか。市の中心地から車で20分ほど走れば、海辺に出る。港には、地元漁協が運営している直売所があり、毎週日曜日には朝市が開かれ、市内外の人びとで賑わう。その賑わいのなかにベトナム人たちも多数紛れている。複数人でやってきて、おそらく親類や友人にわけるのだろう、箱買いで購入していく彼らは直売所のよい顧客になっている。春から初夏にかけての潮干狩りの季節になれば、貝を取りに行く。多くの人が好むのは、無料で開放された浜辺でよく採れるマテ貝だ。

　また、近所の河川敷やその上流で、ベトナムで食べていた香草をみつけ、友人と摘みにいったことを語ってくれた人もいた。香草を含む野菜類は実に多種であり、特に南部では麺類などにも生の香草を添えて食べる食習慣がある。これらの香草は、香り付けや味だけではなく、殺菌作用などもあり、味だけではなく食べ合わせも考慮された医食同源の考えが息づいている。繁殖力の強いミント類は、個人宅で観賞用に育てていたものが、タネが飛び、空き地や河原に繁茂していることもしばしばだ。職場からの帰りや、遊びに出かけた先でみつけ、その後定期的に摘みに出かけることもあった。しかし、このような採集では安定的に調達することはできない。そこで、アパートや工場の空き地やプランターで野菜や香草を育てる人たちが現れる。

4　そして栽培へ

　1990年代に本国への一時帰国が可能となり、ベトナムの故郷を基点にして、アメリカやオーストラリアなどへ受け入れられた親類との再会も促進された。

アメリカは元々アジア系の移民も多く、ベトナム戦争後、大量の難民を受け入れていたことから、日本よりも大規模なエスニック・ビジネスマーケットが形成され、品目によってはベトナムよりも質の高い食材を得ることができた。アメリカの親類から必要な食材を送ってもらい、返礼として日本の家電や毛布を送るなどのやりとりが生まれた。さらに、2000 年代以降になると、格安航空券が普及し、ベトナム本国とのモノ・ヒトの交流はますます活発化していく。難民の家族だけではなく、技能実習生や留学生なども姫路へ流入し、ベトナム人人口は増加していった。そうしたなかで、店舗を構えて食材店を営むひとたちが増えていった。そのため、近所で気軽にベトナムの食材を購入することが可能になり、神戸の南京町への買い出しは徐々に減少していった。

　しかし、野菜類の調達にはまだ課題が残る。空輸でベトナムから多様な食材が扱われるようになり、冷凍生鮮食材も空輸できるようになったものの、日常的に購入するには高価格になってしまう。また、採集ではその食材を安定的に調達することができない。そのため、農地を借りて、大量に野菜を育てる人びとが現れる。農地の貸主は、就労先で出会った知り合いや、近所の人である。宅地化から取り残された農地は、もともと農家であった人びとが自家消費のための耕作をしようと売らずに残しておいたものである。しかし、所持者が高齢で、これらの農地も遊休農地になってしまっている。なにも植えられていない農地をみて、不思議に思ったベトナム人が、「使わないのなら、自分が野菜を育ててもよいだろうか」と尋ねたことがきっかけで、農地の利用に至った場合もあった。誰かが利用してくれれば、雑草の管理をしなくてすむ。所有者にとっては喜ばしい申し出だった。エスニック料理の普及に伴いゴーヤやマメ科のササゲ、キャッサバなどの南国野菜が普及し、そのタネや苗も家庭菜園用にホームセンターに並ぶようになり、ベトナムと同じ、または類似の野菜を育てることができるようになった（図 1、2）。農地利用が増えた背景には、ベトナム人世帯の戸建て家への転居が増加したことがある。転居によって、新たな地域コミュニティに参与することになり、近所づきあいのなかで農地所有者と出会うことが可能となったのであった。

　これまで述べてきた食材の調達先やその際に用いられた社会関係を時代の変容ごとにまとめると表 1 のようになる。一時帰国の活発化、日本とベトナムを含むグローバル化の浸透によって、必要な食材は南京町などにいかずとも身近な場所での購入が可能となった。しかし、充足していくエスニック・ビジネスでの調達に留まるのではなく、エスニック・ネットワーク外のローカルな関係

図1　近所の人に農地を借りて耕す菜園（2016年7月16日筆者撮影）

図2　借用した農地で栽培されたハヤトウリ。晩夏から晩秋にかけて収穫できる。炒めものなどにして食べる（2015年10月2日筆者撮影）

性もまた発展していくのである。特にそれは、魚・野菜類などの生鮮食材で顕著だ。食べ慣れたものを食べたいという気持ちは、新鮮で美味しいものを食べたい気持ちともいえる。そのために漁協の直売所や食肉センターなどのローカルな市場の利用はもちろん、生活のなかで培われてきた就労先や近所とのつきあいが活用される。その関係性がまた農地の貸借というように食べる営みを通して更新されていくのである。

6　食が創造する社会空間

　姫路在住のベトナム人たちがグローバルまたはローカルな市場や、様々な社会関係を利用して必要な食材を調達していくことにより、ベトナム本国社会と積極的な関わりを持たない3人も必要な食材を調達できるようになった。ここでは、3人の視点から食に関わる営みとそれぞれが取り結ぶ社会関係や自然利用について述べ、姫路で生活再建するなかで創造してきた社会空間を整理しておきたい。

　大都市の横浜から地方都市の姫路に移り住んだオアンは、その生活環境の違いに戸惑った。彼女の住まいは姫路でも郊外にあり、カトリック教会は近かっ

図1　食材調達先の変容

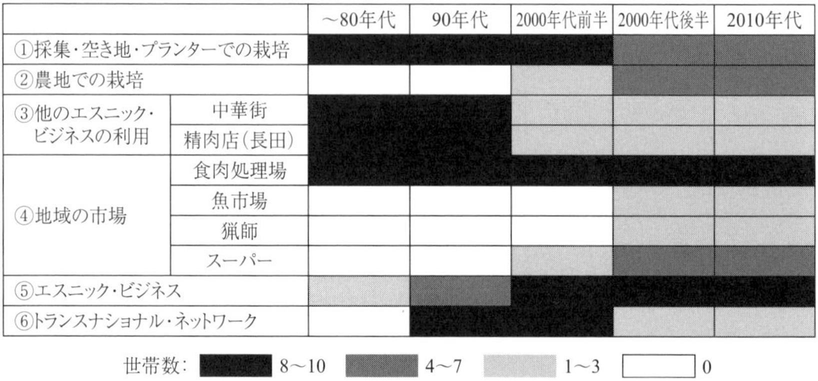

		～80年代	90年代	2000年代前半	2000年代後半	2010年代
①採集・空き地・プランターでの栽培						
②農地での栽培						
③他のエスニック・ビジネスの利用	中華街					
	精肉店（長田）					
④地域の市場	食肉処理場					
	魚市場					
	猟師					
	スーパー					
⑤エスニック・ビジネス						
⑥トランスナショナル・ネットワーク						

世帯数：　■ 8～10　　■ 4～7　　■ 1～3　　□ 0

（インタビュー結果より筆者作成）

たが、まわりは田畑が多く、閑静な町に寂しさを感じた。しかし、ここで暮らすことも神様の思し召しだと前向きになり、横浜の食材店と繋がりのある強みを活かし、自宅で小さな食材店を営むようになる。そして、教会から借りた庭で、自家消費と販売のために夫と野菜や香草を育てた。ベトナムでも幼い頃から農作業に慣れ親しんでいたという。その自家菜園の一角に、彼女はバナナの木を植えていた。姫路の気候では、花までは咲くことがあっても実はならない。「実がならないのに、どうして植えるの？」と尋ねると、「落ち着くじゃない」と彼女は答えた。バナナの葉は蒸し料理の際に食材を覆うために利用される。だが、彼女は実用性だけではなくどこか心をほっとさせるものとしてバナナを捉えていた。また、ある年の晩夏に彼女のもとを尋ねると、家のまわりの田を眺めながら「お米の匂いがするでしょう。ベトナムみたいで懐かしいの」と筆者に語ったことがあった。たしかに、稲は穂をつけていた。しかし、青々として収穫の時期はまだまだ先だ。筆者にとっては何気ない地元の田園風景で、その香りも特段気にしたことはなかった。しかし、オアンは姫路の水田にベトナムの故郷の水田を重ね合わせていたのだ。

　ロンは、長く勤めていた工場を定年退職し、10 年ほど前から空き工場を買い取り、そこで暮らしている。その敷地内で、ヒョウタン、ヘチマなどの南国野菜などベトナムでも見かけるような植物が溢れている。ロンは自慢の庭を披露しながら「ここがあるから、わたしはベトナムに帰らなくてもいい」と語ってくれた。ロンにとって、庭は単なる食の生産の場ではなく、もうひとつの「故

郷」でもある。さらに、ロンは、ニワトリを 10 羽ほど飼育している。最初のきっかけはホームセンターで雛を 2 羽ほど購入したところからだ。卵を産み、新しい雛が誕生すると、品種の違うニワトリを飼っている友人と雛を交換することもあった。卵を産まなくなったニワトリは食用となり、妻や娘に調理されたり、知人にひきとられることもある。ロンはとても可愛がってきたので、そのことを制止しないが自らあえて食べることはない。南ベトナムでは農業省に勤め、再教育キャンプでも強制労働として農業に従事していたロンだが、野菜の栽培やニワトリの飼育にその経験が活きているわけではないようだ。一番ヒントになったのは、日本のテレビ番組だという。彼はベトナムに類似した心の落ち着く景観を創造しているが、そこに生かされている知恵はすべてベトナムから持ち込まれたものではなく、日本での生活のなかで試行錯誤しながら得てきたものでもあるのだ。

　クアンも小さな畑を耕している。クアンは、ベトナム人が多く住む地域から少し離れたマンションに妻と住んでいる。彼は自宅から徒歩数分の農地に一、二畝を借りて、ベトナムの野菜を育てている。その農地は、一人では管理できなくなった所有者が近所の知人に声をかけ、複数人が好きな野菜を育てている市民農園のような場所だ。クアンは元からその所有者と知り合いだったわけではない。通勤途中にその農地を眺めながら、自分も育てたいと思い、所有者に声をかけたのがはじまりだ。屋外で行われる農作業だからこそ、このような出会いも起こるのかもしれない。大根や白菜など日本の野菜が並ぶなかで、クアンはトウガラシや香草を育てる。育てた野菜は周りから珍しがられることもある。収穫物を交換することもあり、住宅地に残った農地が、異なる文化をもつ人びとをつなげている。

　慣れ親しんだものを食べるために、姫路のベトナム人たちは購入にとどまらず、採集や栽培、飼育というような調達手段を見出してきた。もちろん、苗や雛は購入したものだが、それらを育てる過程に楽しみがあり、自身の居心地のよい空間が創造されていく。かつて故郷で食べていたような懐かしく慣れ親しんだ料理の匂いや味は、安心感だけではなく様々な記憶を思い出させるものであろう。一方で、台所や食卓に並ぶ前、その食材がまだ生きていた段階では、異国のなかに故郷と類似した景観をつくり、もうひとつの「故郷」というべき空間を創造していたのだった。

7　越境者が紡ぐ社会関係と生活空間

　この章では、本国社会と一時的であれ継続的であれ断絶を経験してきたベトナム難民が日本での生活再建のなかで取り結んできた多様な社会関係を、社会・経済的環境のみではなく、自然環境との関わりも含めて述べてきた。食文化の違いとは、自然環境や食材の流通システムの違いでもあり、その差異が大きければ大きいほど、故郷の味を入手することは難しくなる。そのため、無意識か意識的かに拘わらず、ベトナム人たちは食べ慣れたものを食べたい欲求を抱えながら、日本での新たな生活に対応し、時には妥協しながら、自分なりの食生活を組み立てていった。 食べるという行為は、個人や家庭だけではなく、職場や学校など様々なコミュニティでなされる。個と個が結びつく共食の時間は、その食べ物や時間、空間を共有する者たちの結びつきを強くする。逆をいえば、その関係性は、部外者には閉じられているのかもしれない。しかし、その前段階にある食材調達という行為に着目すると、食卓からはみえないグローバル、またはローカルな市場やエスニック内外に広がる社会関係の利用を捉えることができた。これらの食材調達は、社会関係や市場から食材の採集場所や、栽培や飼育を通した自然との関わりも生まれ、周囲の景観をも作り変えていった。

　この章では、エスノグラフィを手法とし、わたしという「他者」からの眼差しに基づいて、「食」からベトナム難民の生活を記述してきた。冒頭で述べた「外国人」に対するわたし自身の眼差しとは、国境を越え、見知らぬ社会に生きる人びとへの好奇心でもあり、畏敬でもあったことは間違いない。自身も外国からの移住者を親にもち、家庭や社会のなかで異文化摩擦を経験してきた。それゆえに、そうした摩擦は他の移住者たちの身にどのように迫り、かれらが対応しているのかという疑問があった。実際に、かれらの来歴を知れば、かれらが越えてきた国境そのものが国民国家形成のなかで人びとの意思とは無関係に出没し、成員として適さないものをその領域から放り出す暴力的な装置でもあることを知った。難民になるとは、まさにそのような暴力に晒されることなのだ。

　しかし、ベトナム難民たちはその暴力に翻弄され、また「外国人」として地域からの多様な眼差しに晒されながらも、生活の必要性のなかから、他国の人びととつながり、生じる摩擦を乗り越えようとしてきた。故郷の食べなれた料理は、その認知度が日本社会で高まれば高まるほど、異なる「他者」の文化としてみなされがちだ。しかし、その差異が、ときには異文化に生きる者として

のアイデンティティを惹起し、移住者たちは懐かしい故郷に類似した、自身にとってより居心地のよい空間を創造していた。この章が食材調達から明らかにしてきたように、周囲とときに摩擦を起こしながらも、越境者が創造する越境者たちの生活空間は、今後も至るところ出現し、発展していくだろう。その場こそが、越境者の本国や日本社会との多様な関係性を再考する局面となるだろう。

注
（1）　一方、1980 年代からはエンターテイナーとしてフィリピン人女性が、農村では再生産労働を担うための「農村花嫁」としてアジアからの女性が渡日した。
（2）　2018 年 7 月より日系 4 世にも定住資格が与えられることになった。
（3）　技能実習生制度は 1960 年代から各企業が研修の一環として行っていたが、制度化したのは 1993 年からである。
（4）　国連難民高等弁務官事務所とベトナム政府との間で取り決められた合法出国計画。海からの危険な脱出が継続していたため、人道的な観点から両親やその未成年の子どもについては、合法的に呼び寄せが可能となり安全に家族が再会できるようになった。
（5）　1980 年 2 月には神奈川県大和市に定住促進センターが設置された。ほかにも公的な施設として、1982 年に長崎県に一時滞在施設である大村難民一時レセプションセンターが、1983 年に東京都品川区に難民救援センターが設置された。他にも赤十字社やカトリック教会などによる民間の難民一時滞在施設も運営されていた。
（6）　ベトナムは国籍取得に父母両系血統主義を採用しているので、両親のいずれかがベトナム国籍者の場合、その子どもはベトナム国籍を取得する。
（7）　すべての華人が潮州語などの中国語を話せるわけではない。
（8）　地方都市の移動には自動車が欠かせないが、自動車免許の取得方法は人それぞれである。当時、日本語による試験しか用意されておらず、非ネイティヴには学科試験はかなりの難関である。ベトナムの家族にかつての運転免許証を国際郵便で送付してもらい学科試験の免除をはかったり、オーストラリアの親類のところに家族滞在ビザで短期滞在して、ベトナム語の試験で自動車免許を取得し、日本に戻って切り替えたり、何度も日本で試験に挑戦し、免許を取得したりなど、人それぞれである。現在は多言語での試験に対応している自治体もある。
（9）　2013 年 7 月 29 日に実施した食肉センターで働く従業員のインタビューより。

参考文献
蘭信三・福本拓
　　2018　「人の移動と産業をめぐる歴史的変容」駒井洋監修、津崎克彦編『移民・ディアスポラ研究七　産業構造の変化と外国人労働者』明石書店、259—285 頁。
遠藤聡
　　2009　「ベトナム 新国籍法の施行へ――在外ベトナム人の『二重国籍』」『外国の立法』月刊版（239-1）、20-21 頁。

五島文雄
　　1994　「ベトナム難民の発生原因」加藤節・宮島喬編『難民』東京大学出版会、53-80
　　　　　　頁。
川越道子
　　2010　「問え神の政治学──大震災以降の神戸が語る戦争と越境」大阪大学博士論文。
瀬戸徐映里奈
　　2017　「食の調達実践にみる在日ベトナム人の社会関係利用──一世世代に着目し
　　　　　　て」『ソシオロジ』62 巻 1 号、61-78 頁。
施山紀男
　　2013　『食生活の中の野菜──料理レシピと家計からみたその歴史と役割』養賢堂。
高谷幸
　　2019　「出入国在留管理──非正規移民への対応を問う」高谷幸編『移民政策とは何
　　　　　　か──日本の現実から考える』人文書院、60─80 頁。
田中宏
　　2013　『在日外国人 第 3 版──法の壁、心の溝』岩波書店。
戸田佳子
　　2001　『日本のベトナム人コミュニティー一世の時代、そして今』暁印書館。
兵庫県台湾同郷会文化部
　　1981　「インドシナ難民慰問記」『兵庫県台湾同郷会会報』45 号、9-10 頁。
古屋博子
　　2009　『アメリカのベトナム人──祖国との絆とベトナム政府の政策転換』明石書店。
Gabbacia, Donna
　　2000　*We Are What We Eat: Ethnic Food and the Making of Americans,* Cambridge, MA.:
　　　　　　Harvard University Press.（邦訳、ダナ・R・ガバッチア著、伊藤茂訳『アメリ
　　　　　　カ食文化──味覚の境界線を越えて』青土社、2003 年）

参考資料
アジア福祉教育財団難民事業本部
　　1996　『姫路姫路定住促進センター 16 年誌──日本で最初のインドシナ難民定住促
　　　　　　進の役割を終えて』アジア福祉教育財団難民事業本部。

その他画像については http://urx.red/U42B を参照されたい。

おわりに

小野亮介

　このブックレットは「地図の書き換え」をきっかけとして日本へやって来た「亡国の越境者」による様々な社会的・経済的・政治的営みに焦点を当ててきた。彼らの中には、「地図の書き換え」によって成立し、再編された政治体制から排除された人々もいれば、それによって送り込まれた人々もいた。それまでの法的帰属、意識上の帰属が失われ、故郷へ戻るのが難しくなる中で、彼らは、あるいはかつてのアイデンティティの維持に努め、あるいは新しい政治的・社会的環境と向き合うことになった。その営みは宗教・行商・買い出し・近所づきあいのように日々の生活に根差したものから、どの政治体制を支持するかというせめぎあいを伴うものまであった。また彼らの越境は来日後も続いた。タタール人は商業のために日本と満洲とを頻繁に行き来しただけでなく、コミュニティ維持のために子弟をエジプトにまで送り出したし、ベトナム難民は、本国への一時帰国が可能になったことによっても食材調達の選択肢を広げた。

　様々な切り口から「亡国の越境者」の様相を見てきたが、彼らが常にハッピーエンドを迎えたとは限らない。紆余曲折を経ながらもホスト社会に溶け込み、日本社会も彼らを温かく迎え入れ、共生を実現したということを言えなくもないだろうが、それではあまりに一面的だ。日本社会、つまり私たちが「白系ロシア人」「華僑」「ベトナム難民」と一口に括ろうとしても、宗教やエスニシティを単位として、あるいは政治的志向や本国へのまなざしによって、その内実は様々であり、コミュニティ内での対立や分裂、政治的帰属を巡る競争、あるいは無関心や行き詰まりが見られた。こうしたビターエンドも、「亡国の越境者」たちの歩みなのである。

　また、第3章で語られるせめぎあいの延長線上に岡野が中華学校などで経験したような日本の華僑・華人社会での台湾認識のねじれがあるという意味で、この章は彼のような背景を持つ人でなければ書けなかったといっても過言ではないだろう。また岡野は「地図の書き換え」によって引き直された国境線によっ

て帰郷が阻まれた人々についても焦点を当てた。日本・大陸中国・台湾はそれ
ぞれ海によって隔てられている分、政治的駆け引きに目を向けなければ、彼ら
が陥った狭間や分断には気づきにくいものかもしれない。「亡国の越境者」は「地
図の書き換え」をきっかけとしているが、急にどこからともなく現れた人たち
ではない。この章で岡野が越境者たちの経歴（日本留学など）を丹念に確認したよ
うに、「地図の書き換え」以前からの連続性や、断絶・変革などとの関係の中で
越境者を捉えるべきだろう。

　第1章では、「亡国の越境者」への日本社会の警戒を見てきた。彼らに対する
詳細な秘密調査のおかげで、もはやほぼ消滅した在神白系ロシア人の詳細な情
報を知ることができるのは、中西の言うように皮肉に他ならない。逆に、彼ら
が日常生活レベルで神戸の人々とどう関わったのか、外事警察の記録からは見
えにくいのも確かである。中西は外国人の定住や定着に対する日本社会の消極
的な姿勢、外国人の社会統合に関する政策の乏しさを指摘するが、在神タター
ル人の比較対象として、筆者にはフィンランド・タタール人のことが思い浮か
んだ。フィンランドでは極東と似た経緯でいくつかの都市でタタール人コミュ
ニティができた。高齢化などの問題に直面しているが、彼らはフィンランド社
会の一員でありつつ、タタール人としてのアイデンティティを守り、次世代に
受け継がせようとしている。

　一方、第4章ではベトナム難民による食材の調達の移り変わりが、地方都市
としての姫路の特徴とともに順序だって語られた。その意味では、アイデンティ
ティの維持と日本社会への適応とが両立した例と言える。しかし、クアン・ロ
ン・オアンとも現在のベトナムの体制や風景への眼差しは冷めたものであり、
姫路にいながらにして創造・再現される「故郷」が、かつて彼らが去らざるを
得なかった故郷ベトナムとの分断と表裏一体の関係であることを考えると、筆
者は複雑な思いを抱いてしまう（もちろんベトナムの現状を肯定的に受け入れる人も多
いだろう）。こうした分断や葛藤の意識もまた、「亡国の越境者」を捉える上での
重要な視角である。

　このブックレットでは、文献資料に基づいた第1・2章とインタビュー調査に
基づいた第4章、その中間としてインタビュー調査を足掛かりに文献資料にア
クセスした第3章というように、手法はまちまちであるし、そもそも執筆者の
関心や判断基準は一様ではない。しかし、かえってそのことが、ロシア革命か
ら現在に至るまで神戸・姫路が「亡国の越境者」の結節点として機能し続けて
いることを気づかせてくれる。関東大震災（1923年）、第二次世界大戦の終結（1945

年）、「二・二八事件」(1947 年)、中華人民共和国の成立と中華民国の台湾移転 (1949年)、サイゴン陥落 (1975 年) とベトナム社会主義共和国の成立 (1976 年) など様々な画期を挟みつつ、神戸・姫路での「亡国の越境者」の営みはロシア革命が起きた 1917 年から数えて 100 年近いグラデーションを描いている。だからこそ一つの対象や判断基準に拘るよりも、学際的なアプローチが重要ではないだろうか。実際、ブックレットのきっかけとなったシンポジウムのための初顔合わせ以来、執筆者 4 人の間では、意外なところで関心の繋がりが見つかり、ブックレットで盛り込めなかったことも含め相互に刺激を受けることが多かった。

　このブックレットは、地域史の観点から「亡国の越境者」を描いたものではない。それぞれの越境者に焦点を当てることによって、むしろ神戸・姫路が彼らのネットワークの結節点として浮かび上がった。言い換えれば、彼らの営みを介して、彼らを取り巻く同時代の世界的な流れと神戸・姫路とが結び付いたのである。残念ながらこのブックレットでは神戸・姫路での全ての「亡国の越境者」を扱うことはできなかった。神戸市長田区のコリアンタウンの人々は、まさに「亡国の越境者」の典型ともいえるのだが、これをきっかけに「亡国の越境者」から日本を照らしていきたい。どのような越境者たちがいて、どこまで彼らのネットワークを日本の中に位置づけることができるだろうか。今から楽しみである。

　※本文中で紹介できなかった参考文献リストや画像はウェブページ上に掲載しているので、関心のある読者は各章末の URL・QR コードからアクセスしていただきたい。

著者紹介

小野亮介（おの　りょうすけ）
1984 年、大分県生まれ。
慶應義塾大学大学院文学研究科史学専攻後期博士課程単位取得退学。現在、早稲田大学人間総合研究センター招聘研究員。主な業績として、*Emigrants/Muhacir from Xinjiang to Middle East during 1940-60s* (ILCAA, TUFS 2019、野田仁との共編著)、『亡命者の二〇世紀——書簡が語る中央アジアからトルコへの道』（風響社、2015）などがある。
http://researchmap.jp/ryosuke_ono/

中西雄二（なかにし　ゆうじ）
1981 年、大阪府生まれ。
関西学院大学大学院文学研究科西洋史学専攻（地理学）博士課程後期課程修了。博士（地理学）。現在、東海大学文学部文明学科教員。主な業績として、共著に『エスニックミュージアムによるコミュニティ再生への挑戦』（大阪公立大学共同出版会、2015）、『社会的分断を越境する——他者と出会いなおす想像力』（青弓社、2017）などがある。

岡野翔太（おかの　しょうた）
1990 年、神戸市生まれ。在日台湾人 2 世。台湾名は葉翔太。
大阪大学大学院文学研究科東洋史学専攻（文学）博士前期課程修了。現在、大阪大学大学院人間科学研究科博士後期課程在学、大阪大学大学院言語文化研究科特任研究員、神戸華僑歴史博物館運営委員。主な業績として、共著に『二重国籍と日本』（筑摩書房、2019 年）、共編著に『交錯する台湾認識』（勉誠出版、2016 年）などがある。

瀬戸徐　映里奈（せとそ　えりな）
1986 年、兵庫県姫路市生まれ。
京都大学大学院農学研究科生物資源経済学専攻指導認定退学。現在、同志社大学人文科学研究所嘱託研究員。主な業績として、共著に *Rethinking Representations of Asian Women Changes, Continuity, and Everyday Life* (Palgrave Macmillan 2016) などがある。

「亡国の越境者」の 100 年　ネットワークが紡ぐユーラシア近現代史

2020 年 10 月 15 日　印刷　　　　　　　　ISBN978-4-89489-288-0　C0021
2020 年 10 月 25 日　発行

著　者　小　野　　亮　介
　　　　中　西　　雄　二
　　　　岡　野　　翔　太
　　　　瀬　戸　徐　　映里奈

発行者　石　井　　　雅
発行所　株式会社　風響社

東京都北区田端 4-14-9　（〒 114-0014)
TEL 03（3828）9249　振替 00110-0-553554
印刷　モリモト印刷